KB157626

Understanding of Aviation Terminology

항공용어의 이해

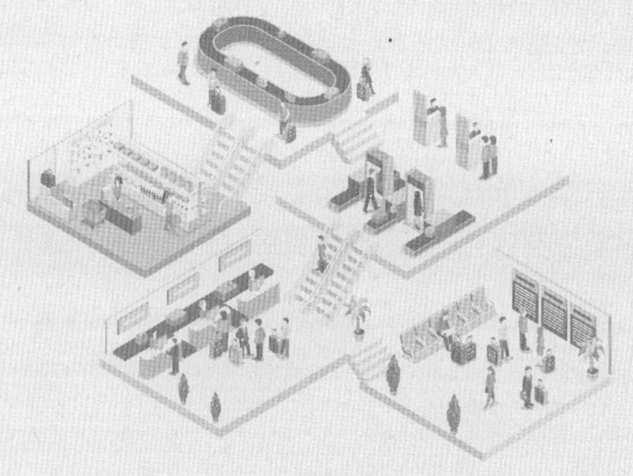

Preface

비행기 한 대를 띄우기 위해서는 항공 분야의 여러 부서 (객실승무원, 운항 승무원, 항공 정비사, 기내식 스텝, 지상직원, 관제사 등)의 협업을 필요로 한다.

이들은 항공 전문용어를 사용하여 업무를 처리하는데, 항공 전문용어를 이해하지 못하면 업무를 효율적이고 신속하게 처리하기가 어려워진다.

이렇듯 항공 종사자에게 필수불가결한 항공 전문용어는 전 세계 항공분야에서 공통으로 사용한다는 것이 큰 특징이다. ICAO(국제 민간항공기구)와 IATA(국제 항공운송협회)에서 용어들을 제정하여 전 세계 공용어로 사용한다. 따라서, 객실 안전업무를 수행하는 객실승무원들은 항공 전문용어를 정확하게 이해하고 사용하여 승객의 안전을 책임지고 전문성과 신뢰성을 높이는데 기여해야 한다.

또한, 최근 인터넷 매체의 발달과 승객들의 수준 향상으로 인해 항공사의 전문용어들이 일반인들에게 상식으로 알려지고 있는 추세이므로, 고객을 직접적으로 응대해야 하는 객실승무원들은 전문용어에 대해 더욱 올바르게 이해하고 숙지해야 한다.

이처럼, 협업을 위한 커뮤니케이션, 안전절차 및 규정 수행을 위한 지식, 고객의 만족도를 높이는 수단으로 사용되는 항공 전문용어는 객실 승무원의 기본 교육과정에서 필수적이며,

용어를 친숙하고 능숙하게 사용할 수 있을 때 비로소 항공 승무원으로서의 자격을 갖추었다고 말 할 수 있을 것이다.

본 교재는 객실승무원으로서 실무에서 매우 유용하게 쓰이는 실질적인 필수 핵심 용어들을 총 망라하여 사진과 함께 알기 쉽게 구성하고자 노력하였다.

본 교재는 크게 5부문으로 구성되었다. 제1장에서는 기초가 되는 객실승무원의 비행업무 용어, 객실서비스 시 사용되는 용어 및 기내 특별식 용어에 대한 설명을 담았으며, 제2장에서는 항공기의 내·외부 구조 용어를 집필하였다. 제3장에서는 항공 안전 및 보안업무 시 사용되는 용어와 각종 장비용어를 안내하였고, 제4장에서는 객실승무원 업무와 관련된 항공 운항용어들을 기술하였다. 제5장에서는 업무 시 빈도가 높게 사용되는 운송실무 용어를 비롯한 국제항공용어를 제시하였다.

또한 본 교재의 사진과 내용은 항공사의 자료를 인용하였으며, 내용의 정확성을 위해 업계 전문가의 조언과 감수를 통해 내용의 사실성 표현을 기반으로 하여 집필하고자 하였다.

따라서 본 교재는 항공 서비스를 전공하는 학생들을 대상으로 내용을 구성하여 실무와 이론에 충실하고자 하였으므로 그들에게 도움이 될 것으로 사료된다.

저자 일동

Contents

Chapter 04. 운항 전문용어

Chapter 05. 운송실무 전문용어

부 록. 항공전문용어 약어

7

객실 승무원 전문용어

항공객실 업무

F/A : Flight Attendant(객실 승무원)

객실승무원이란 항공기에 탑승하여 항공기 안전운항과 승객의 안전을 위해 객실 내 업무를 수행하며 비상탈출 시 안전하고 신속하게 비상탈출 업무를 수행하는 자를 일컫는다.(항공법 제1장 제2조 제5항)

객실승무원을 지칭하는 표현으로는 Flight Attendant, Cabin Crew, Cabin Attendant, Stewardess(Steward) 등 다양한 표현들이 혼용되어 사용되고 있다. 항공사마다 요구하는 객실승무원의 자질과 인재상은 다소 차이가 있지만,

▲ 대한항공/아시아나항공 객실 승무원

공통적으로 추구하는 인재상을 요약하면 다음과 같다.

- 철저한 안전의식
- 봉사정신과 서비스 마인드
- 건강한 신체와 체력
- 직업에 대한 프로정신
- 글로벌 매너와 에티켓
- 능숙한 외국어 구사 능력
- 원만한 인간관계
- 철저한 자기관리 능력

객실승무원의 직급체계

항공사 객실승무원의 직급체계는 아래와 같이 여러 단

대한항공

직 급	구 분
상우대우 수석사무장 VP	상무대우 Vice President Purser
수석사무장 CP	1급 Chief Purser
선임사무장 SP	2급 Senior Purser
사무장 PS	3급 Purser
부사무장 AP	4급 Assistant Purser
남 · 여 승무원 SD/SS	5급 Steward/stewardess
여승무원 SS	6급 인턴 여승무원

직 급	구 분
캐빈 서비스 담당임원	임원
수석매니저	Chief Purser
선임매니저	Senior Purser
캐빈매니저	Purser
부사무장	Assistant Purser
퍼스트 선임 여승무원	First Senior Stewardess
비지니스 선임 여승무원	Business Senior Stewardess
시니어 여승무원	Senior Stewardess
주니어 여승무원	Junior Stewardess
수습 여승무원	Intern Stewardess

계의 승격 과정을 거치게 된다. 승격의 자격은 인사고과 및 자격 심사를 통해 이루어진다.

R/S Stewardess(Regional Stewardess)

항공사의 취항지에 해당하는 현지 승무원을 R/S 승무원이라 말한다.

업무는 객실 내에서의 현지 언어 통역 및 객실서비스를 수행한다. 급여는 현지물가를 기준으로 책정하며 서울 및 해외 체류 시 해외 체류비는 일반 승무원과 동일하다.

대표적으로 중국, 일본, 태국, 인도네시아, 러시아, 싱가포르 등에서 채용중이며 항공사별 전담 외국인 그룹을 만들어 근무평가 및 승급을 관리한다.

Duty

Duty는 근무를 말한다. 항공사가 객실승무원에게 수행하도록 부여한 업무를 말하며, 일반적으로 비행근무, 편승근무, 대기 및 교육시간을 말한다.

Duty Assignment

객실승무원은 효과적인 서비스 수행, 클래스별 서비스 수준 유지 및 비행안전을 고려하여 업무를 배정받게 되는데, 이를 Duty Assignment라고 한다. Duty Assignment는 해당 비행 편 사무장이 하게 되며, 팀원 개인의 특성(근무경력 및 서비스자격 등)을 고려하여 최고의 비행이 될 수 있도록 배정한다.

주요 Duty

구 분	내 용
기내방송 Duty	우수한 방송 자격을 소지하고 있는 승무원
기내방송 Monitoring Duty	기내방송 시 음성의 적정함을 점검하는 승무원
기내판매 Duty	해당편 기내판매를 담당하는 승무원
기내보안 Duty	기내 Taser 수령 및 보관을 담당하는 승무원
Meal Check Duty	기내식 탑재현황 파악 및 Special Meal을 담당하는 승무원
Galley Duty	전반적인 식사서비스 진행을 책임지는 승무원
탑승인사 Duty	탑승구에서 승객 환영인사 및 탑승권 확인하는 승무원
Catering Seal Check Duty	비행 전 기내식 봉인상태를 점검하는 승무원

Show-Up

승무원이 비행 또는 기타업무를 위해 회사에 출근하였다는 의미이다.

사무실에 비치된 Show-up List에 본인이 직접 Sign하는 절차이다.

▲ Show-up 사무실

Cabin Briefing

객실브리핑을 일컫는다.

객실승무원은 해당 편 객실사무장과 비행 전 객실브리

▲ Cabin Briefing Room

핑을 실시한다.

객실브리핑은 객실서비스, 항공기 구조, 비상장비, 보안장비 등에 관련된 정보를 공유하며, 탑승 객실승무원의 명단 및 필수 휴대품을 점검하여 비행에 차질이 없도록 한다.

객실브리핑 내용

- 승무원 인원 점검 : 탑승 객실승무원의 명단 재확인
- 비행준비에 대한 점검 : Duty 확인, 비행 필수 휴대품 점검, 용모복장 점검
- 비행정보 공유 : 해당 편 출·도착 시간 및 시차 공유, 승객 예약 상황, 특별 서비스 대상자 확인(비 동반 유아, 임산부, 노약자, 장애인 탑승 등), 전반적인 서비스 순서 점검 등
- 객실 안전 및 보안 정보 공유
- 최근 사내 공지 및 강조사항 공유

Galley Briefing

기내식 관련 정보를 공유하는 업무절차이다.

보통 이륙 후 기내 서비스 시작 전 각 클래스 별 최선임 사무장의 주관으로 진행되며, 비행 중 제공되는 식사 내용 및 개수, 서비스 방법, 유의사항 등에 대해 전달한다.

Debriefing

승객 하기 후 객실사무장/캐빈 매니저의 주관으로 진행되며, 해당 비행 중 발생한 특이사항을 점검하고 공유하는 업무절차이다.

디브리핑 실시 결과 특이사항이 있을 시에는 추후 업무 개선(객실 설비 고장, 기내 환자 및 부상 승객 발생 여부 및 처리내용, 불만승객 후속 처리내역, 기내 난동승객 발생 및 후속 처리 내역, 클리닝쿠폰 발급여부 등)을 위해 회사에 보고한다.

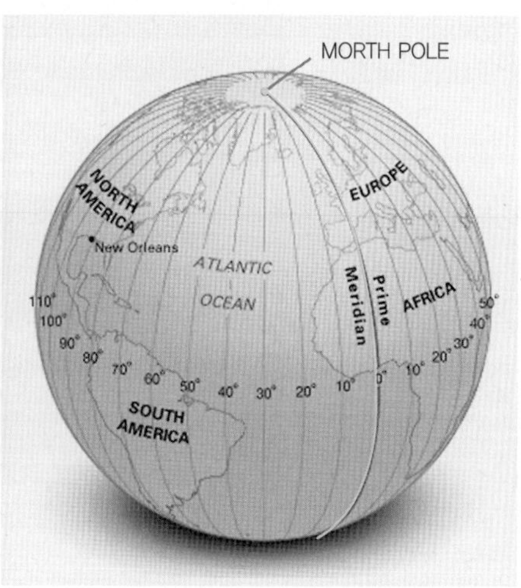

▲ 영국 그리니치 천문대의 실제 자오선(PRIME MERIDIAN)

ZULU TIME, UTC (Universal Time Coordinated)

국제표준시. 영국 그리니치 천문대의 자오선 기준으로

표시한다.

한국은 UTC+9시간에 해당한다.

Flight Time

비행시간. 즉, 객실승무원이 비행임무를 수행하기 위해 항공기가 움직인 시간부터 비행이 종료되어 엔진을 끈 시간까지를 의미한다.

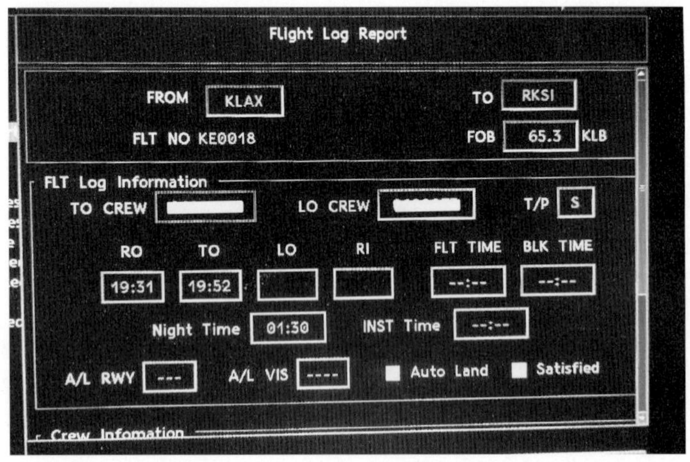

▲ 실제 비행기에서 표시되는 Flight Time

Stand By

대기 근무형태 중의 하나이다.

Stand By는 공항대기와 자택대기 두 가지의 형태로 구분되어진다.

일반적으로 비행하기로 예정되어 있던 승무원의 병가 등의 사정으로 인해 비행을 하지 못하거나, 기상악화와 같은 이유로 비행에 투입되기 어려운 경우에 이를 충원하기 위해 대기 승무원을 배정 시켜둔다.

Extra

객실승무원이 다음 지점에서 비행근무를 하기 위해 승객복장으로 비행기에 탑승하여 이동하는 경우를 말한다. 항공사에 따라 Dead Head로 불리기도 한다. 실제로는 일을 하지 않기 때문에 승객좌석을 배정받아 앉으며, 주로 비행기가 자주 교체되는 국내선 스케줄에서 이루어진다.

Perdium

해외 체류비.

해외 체류 시 식사, 교통 등에 대한 체류비로 국제선 매 비행 시 지급된다.

해당 국가의 물가를 기준으로 적용되는 실정이다.

COM (Cabin Operation Management)

객실승무원 안전교범을 말한다.

항공기에 비치되어 운영되며 한국어 버전과 영어 버전

두 가지로 되어 있다.

모든 승무원들은 COM의 약본을 필수휴대품으로 매 비행 시 지참해야 한다.

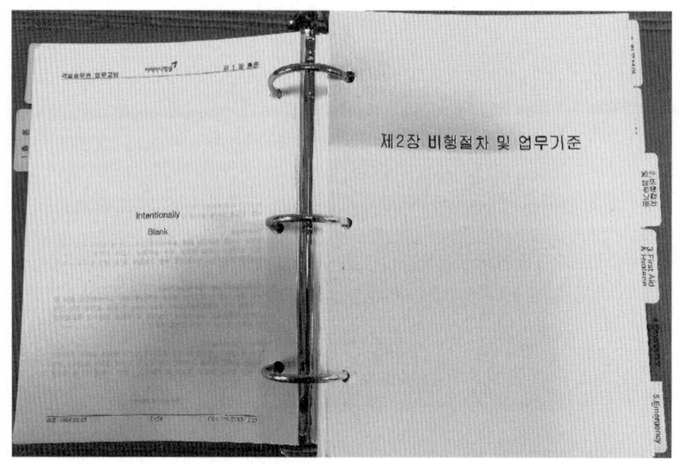

▲ COM (객실승무원 안전교범)

In-Bound

해외에 있는 외국인 또는 내국인이 국내로 방문하는 경우를 말한다.

반대의 경우에는 Out-Bound라 한다.

PAX : Passenger

항공기에 탑승하는 승객을 말한다.

Lay Over

항공기 또는 승무원이 모기지가 아닌 다른 체류지에서 하루 이상 머무는 것을 말한다.

Local Time

항공여행의 도착지(국가, 도시 등)인 현지의 시간이다.

STD : Scheduled Time Of Departure

Scheduled Time Of Departure 스케줄 출발시간

ATD : Actual Time Of Departure

Actual Time Of Departure 실제 출발시간

STA : Scheduled Time Of Arrival

Scheduled Time Of Arrival 스케줄 도착시간

ATA : Actual Time Of Arrival

Actual Time Of Arrival 실제 도착시간

실제 항공사 홈페이지의 STD, ATD, STA, ATA

항공편	출발시간		도착시간	
KE018 로스앤젤레스(LAX) ➡ 서울/인천(ICN)	스케줄	11:00 2018-01-02	스케줄	17:40 2018-01-03
	실제시각	**11:54** 2018-01-02	**실제시각**	**18:00** 2018-01-03

Double Flight

국내선 비행의 경우 왕복 비행을 일컫는다.

현장에서는 김포–부산, 부산–김포, 김포–부산, 부산–김포 이렇게 2회 비행을 의미한다.

Jet Lag

▲ Jet Lag(시차증후군)

시차 증후군을 말한다. 표준 시간대가 다른 장소 사이를 오가는 장거리 비행 시 몸에 발생하는 증상이다. 시차 증후군은 대체로 시차가 4–5시간 이상 일 때 나타나고 여행거리가 길수록 시차가 많이 변하므로 증상이 심해진다. 구체적인 증상으로는 두통과 피로, 식욕 저하, 소화불량 등이 있다.

Landing Permit

승무원들이 공항에 도착하면서 법무부에 상륙허가를 승인 받기 위한 서류이다.

CDLM : Cabin Discrepancy List And Memo

객실 설비장비 수리 요청서를 말한다.

기내 설비에 이상이 있는 경우 객실사무장/캐빈 매니저나 선임승무원이 기록하여 객실 정비사에게 수리를 요청하는 서류이다. 비행편수, 날짜, 항공기 편명, 노선, 객실사무장/캐빈 매니저 성명, 기장 성명을 기록한다.

L/B : Left Baggage

기내 유실물을 말한다.

▲ 승객 하기 후 남아있는 L/B

객실승무원은 담당구역 승객 하기 완료 후 객실 내 유실물 점검을 최우선으로 실시하고 있다.

OAL : Other Airlines

특정 항공사 기준으로 국적항공사 이외의 외국 항공사를 일컫는 말이다.

객실서비스

UM : Unaccompanied Minor

UM (Unaccompanied Minor)은 비 동반 소아승객을 말한다.

성인을 동반하지 않고 혼자 여행하는 소아를 말하며, 국내선은 만 5세~13세 미만, 국제선은 만 5세~12세 미만의 승객을 대상으로 한다. 대한항공에서는 Flying Mom service라는 용어를 쓰기도 한다. 국내선 탑승 시 무료로 서비스 제

▲ UM(비 동반 소아승객)

공하며, 국제선 탑승 시에는 성인운임에 따르고 있다.

UM 탑승 시 담당 객실승무원을 지정하여 서비스를 진행한다.

혼자 비행기를 탑승하는 어린이는 불안함과 두려움을 가지고 있으므로, 비행 시간동안 세심하고 따뜻하게 응대해야 하며 비행 중의 모습 및 특이사항 등을 성의 있게 기록 하여 보호자에게 전달한다.

UM 서비스 내용

탑승 시

- 담당 객실승무원 자기소개 및 선물 전달
- 가까운 화장실 위치 및 사용법 안내
- 좌석 Recline 방법, Call Button 위치 및 사용법 안내
- 이착륙 시 좌석벨트 착용상태 확인

비행 중

- 기내식 안내 및 도움 제공
- 적절한 호칭 사용(반말 지양)

하기 시

- 일반석 승객보다 먼저 하기 안내

- 휴대 수하물 Handling
- 지상직원 인계

Family Care Service

아시아나항공에서는 Family Service, 대한항공에서는 한가족 서비스라 한다.

공항에서의 탑승수속부터 항공편 탑승 및 객실승무원에 의한 안내 서비스, 도착 시 입국수속 안내가 주요 서비스 내용이다. 서비스 대상은 다음과 같다.

▲ 공항 Family Care Service 안내판

- 보호자 없이 여행하는 만 70세 이상 승객
- 7세 미만 유·소아 2명 이상을 동반한 승객
- 다른 항공사로 환승하는 승객 중 언어소통에 어려움이 있는 승객 (한국 출발에 한함)

Pregnant Passenger

임신부 승객을 말하며, 임신 32주(8개월) 미만은 정상 절차대로 탑승할 수 있다. 임신 32주 이상-36주 미만인 경우에는 산부인과 의사가 작성한 Medical Certificat를 소지하여야 하며, 내용에는 항공여행 적합성, 예정 분만일 등이 기록되어 있어야 한다.

임신 36주 이상인 경우 의료 서비스팀의 승인이 있어야 하며 보호자가 필히 동반하여야 한다.

BLND Passenger

시각장애인 승객을 말한다. 시각 장애인 고객의 편리하고 안전한 여행을 위해 전담 승무원이 안내하며, 필요 시 별도의 추가요금 없이 인도견과 동반 탑승 할 수 있다. 전담 승무원은 탑승 시 좌석을 안내하고 도움이 필요한 경우 짐을 들어주며 안내하며, 승무원의 팔을 시각장애 승객이 잡도록 하고 승무원의 뒤편에서 승객이 걷도록 해야 한다.

또한, 기내 비디오 사용법, 좌석벨트 착용방법, 가까운 화장실 위치 및 사용방법, 좌석 사용 방법, 승무원 호출버튼 사용방법 등 승객이 필요한 기내시설의 사용법을 대화로 설명하며, 비행 중 수시로 불편한 점은 없는지 확인해야 한다.

목적지에 도착 한 후 하기 시 비 동반 시각장애인은 지상직원에게 인계하여야 한다.

DEAF Passenger

청각장애인을 말한다. 탑승 시 좌석을 안내하고 대화 시 목소리를 너무 크게 하지 않고 입모양을 정확히 하여 시각적으로 인식할 수 있게 도와준다. 기내방송 및 안전 관련 안내는 글을 쓰거나 수화를 하여 전달한다. 비행 중에는 수시로 불편한 점이 없는지 확인해야 한다.

INF : Infant

생후 7일이 안 된 유아가 탑승하는 경우에는 유아가 항공여행을 해도 이상이 없다는 의료서비스팀의 Medical Clearance가 있어야 한다.

STCR : Stretcher Passenger

신체 건강상의 이유로 독자적인 여행이 불가한 승객 중 항공기 좌석에 착석해서 여행하기가 불가능하여 누워서 여행하는 환자 승객을 말한다.

주치의에 의해 작성된 건강진단서가 있어야 하며, 여행 시 의사나 간호사 중 최소한 1명이 동반해야 한다. 좌석

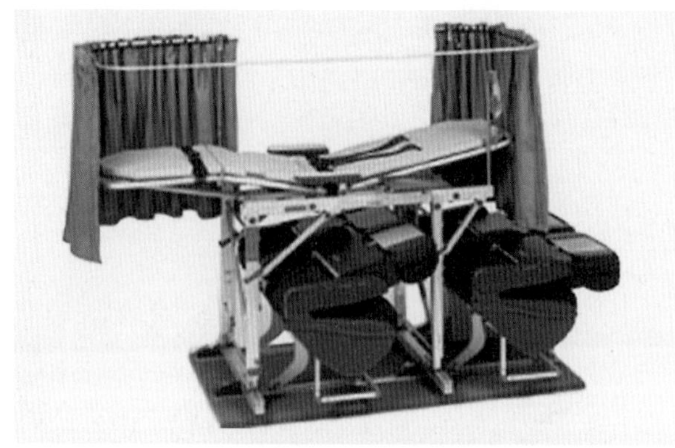

▲ STCR 승객의 개조된 좌석

설치를 위해서 1주일 전 까지 미리 예약을 하고 탑승 절차를 위해서 반드시 72시간 전에 통보되어야 한다. 해당운임은 일반석 성인 편도요금의 6배이다.

PETC : Pet in Cabin

▲ PETC(기내탑재 애완동물 서비스)

기내탑재 애완동물 서비스를 말한다. 동반이 가능한 반려동물은 생후 8주 이상의 개, 고양이, 새 등이다. 운송이 가능한 반려동물

▲ AVIH(수하물 칸으로 이동된 동물)

의 수는 탑승객 1인당 기내반입 한 마리, 위탁수하물 2마리이다. 단, 한 쌍의 새, 6개월 미만의 개 2마리 또는 고양이 2마리는 하나의 운송용기에 넣어 운송 할 수 있다. 국가별로 허용규정이 상이하며, 운송이 제한되는 경우는 다음과 같다.

- 개, 고양이, 새를 제외한 토끼, 햄스터, 페릿(ferret),거북이, 뱀, 병아리, 닭, 돼지 등 모든 종류의 동물은 수하물로 운송이 불가하다.
- 안정제나 수면제를 투여한 경우 체온과 혈압이 떨어져 위험할 수 있어 약물을 사용한 경우 운송이 불가하다.
- 불안정하고 공격성이 강한 동물, 악취가 심하거나 질병이 있는 동물, 수태한 암컷은 운송이 불가하다.

운송 제한 사항

구 분	PETC(Pet in Cavbin)	AVIH(Animal in Hold)
운송허가	운송허가(Carriage Auth) 필요	
운송용기	방수/통풍 처리된 금속, 목재, 플라스틱 용기	
	천이나 가죽 재질의 운반용기 (Soft-Sided KENNEL)운송 가능	별도 지급하지 않으므로 개인이 반드시 준비해야 함
Size 제한	Cage 3면의 합이 115cm 이내	Cage 3면의 합이 246cm 이내
무게 제한	Cage 포함 무게 5kg 이내	Cage 포함 무게 32kg 이내

BSCT : Baby Bassinet

항공사에서 무료로 서비스하는 아기 간이침대를 말한다.

▲ BSCT(아기 간이침대)

항공기 탑승 48시간 전 미리 예약해야 하며, Baby Bassinet을 설치 할 수 있는 지정된 좌석(Bulk Seat)에 설치 할 수 있다. 아기의 키와 몸무게에 대한 규정이 각 항공사별로 상이하며, 대한항공에서는 평균 11kg, 키는 75cm로 제한한다. 기체 요동시에는 유아를 안을수 있도록 보호자에게 안내하고 유아를 보호해야 하며, 이·착륙 시에는 제거한다.

WCHR : Wheel Chair

거동이 어려운 승객을 탑승 및 하기 시키기 위해 사용하는 기구이다.

WCHR : Wheel Chair-Ramp

램프에서 이동할 때 휠체어가 필요한 승객이다.

WCHS : Wheel Chair-Step

계단에서 이동할 때 휠체어가 필요한 승객이다.

WCHC : Wheel Chair-Cabin

객실에서 이동할 때 휠체어가 필요한 승객이다.

Amenity Kit

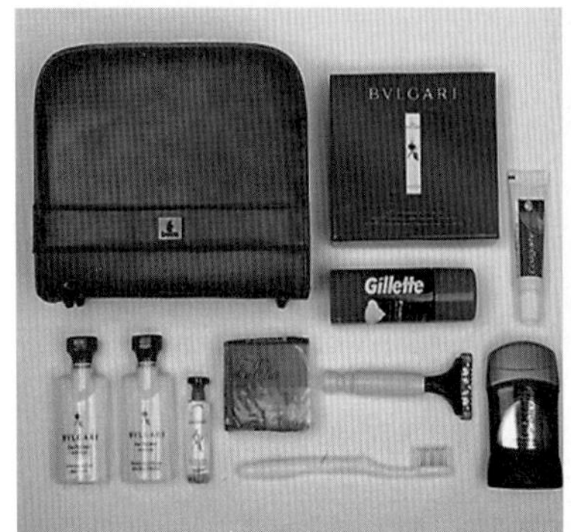

▲ Amenity Kit(편의용품)

승객들의 편안하고 쾌적한 비행을 위해 항공사에서 제공하는 편의용품이다.

안대, 면도기, 화장품, 칫솔, 슬리퍼 등을 제공한다.

Suggestion Letter

승객이 항공사에 건의 할 내용이나 칭송 또는 불만사항을 적는 편지형식의 양식으로 객실에 비치되어 있다.

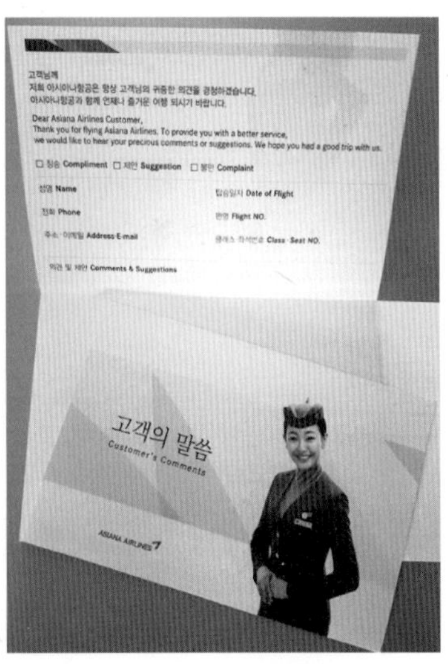

▲ 아시아나항공 칭송카드

또한, 항공사 사이트에서 고객의 소리를 확인할 수 있다.

VOC : Voice Of Customer

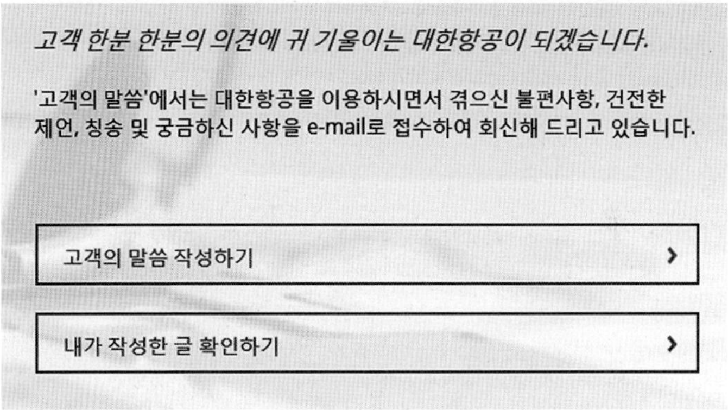

고객 한분 한분의 의견에 귀 기울이는 대한항공이 되겠습니다.

'고객의 말씀'에서는 대한항공을 이용하시면서 겪으신 불편사항, 건전한 제언, 칭송 및 궁금하신 사항을 e-mail로 접수하여 회신해 드리고 있습니다.

고객의 말씀 작성하기 ›

내가 작성한 글 확인하기 ›

▲ 대한항공 홈페이지의 고객의 소리

고객의 말씀

고객의 서비스 Needs를 볼 수 있는 기업과 고객의 Communication Channel이다. 고객의 불만, 제언 등을 통해 서비스를 개선하며 관리 할 수 있는 수단이 되고 있다.

SHR : Special Handling Request

SHR이란 지상직원으로부터 객실사무장, 캐빈 매니저에게 전달되는 특별보조승객 관련정보 문서로서 VIP, CIP, UM, 승객의 특이사항, 임신부, 어린이 동반승객, 장애인 및 마일리지 상태 등이 기록되어 있다. 따라서 객실 승무원은 SHR의 승객정보를 비행 전 미리 파악하여 서비스의 기초자료로 적극 활용하게 된다.

E/D Card : Embarkation/Disembarkation Card

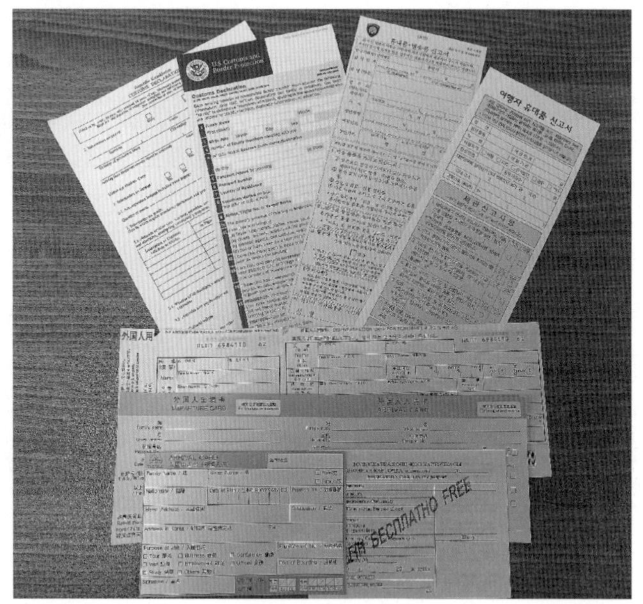

▲ 출입국 신고 카드

Embarkation/Disembarkation의 약어로서 모든 여행객이 출·입국 시에 자신의 신분에 관한 내용을 기재한 후 이를 공항에 소재한 출·입국 관리사무소에 제출하는 출·입국 신고서이다.

TCV : Transportation Credit Voucher

고객우대보너스증서

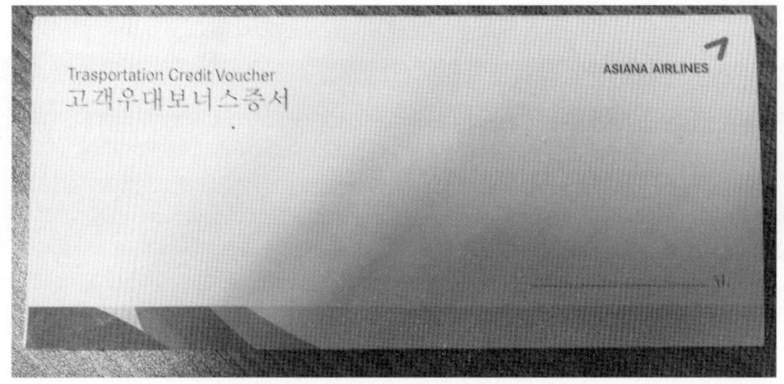

▲ TCV Transportation Credit Voucher

Giveaway

▲ Giveaway

탑승기념으로 승객에게 서비스하는 기념품이다.

FR/CL승객용으로는 편의복이 제공되며, 유아를 위해서는 장난감 퍼즐, 비행기, 놀이책 등이 제공된다.

특별 기내식(Special Meal) 전문용어

SPML (SPECIAL MEAL)

Special Meal이란 건강과 종교, 연령 등의 이유로 정규 기내식의 취식이 어려운 승객을 위해, 준비되는 식사이다. 종류는 유아식 및 아동식, 야채식, 식사 조절식, 종교식, 기타 등이 있다. 신청은 해당 항공편 출발 24시간 전까지(공동 운항 편일 경우 항공기 출발 48시간 전까지) 서비스 센터나 홈페이지에서 신청 할 수 있다.

영·유아식

영아 및 유아를 위한 기내식이다. 양념이 강하지 않고 부드러운 식감으로 이루어진 음식을 제공한다.

Infant Meal (INFM)

12개월 미만의 영아를 위한 식사로서, 액상분유와 아기용 주스를 제공한다.

Baby Meal (BBML)

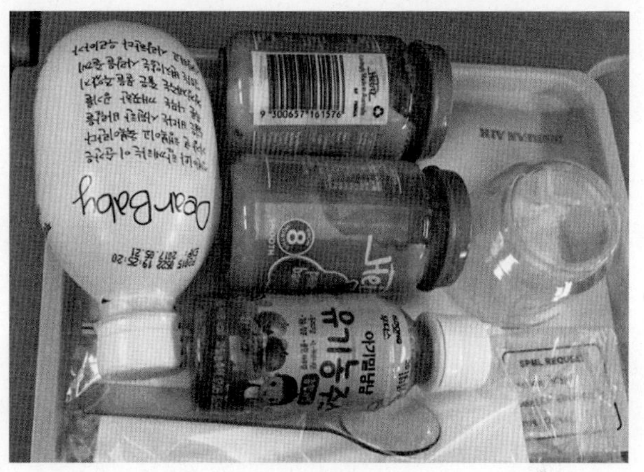

▲ BBML

24개월 미만의 유아를 위한 식사로서, 아기용 주스와 소화가 되기 쉬운 음식(이유식)을 제공한다.

Infant Child Meal (ICML)

24개월 미만의 유아 중, 아동 식 식사가 가능할 수 있는 경우에 제공한다.

식사의 내용은 CHML과 동일하다.

Child Meal (CHML)

▲ CHML

만 2세 이상에서 12세 미만의 어린이를 위한 식사를 말한다.

한국 출발편에서는 스파게티, 오므라이스, 햄버거, 돈가스 가운데 선택할 수 있으며, 해외 출발편에서는 햄버거, 피자, 스파게티, 핫도그 가운데 선택할 수 있다.

야채식

개인의 기호, 종교 및 건강에 따라 이용하는 기내식이다.

Vegetarian Vegan Meal (VGML)

일체의 육류, 생선, 동물성 지방, 젤라틴, 달걀, 유제품, 꿀을 사용하지 않는 엄격한 서양식 채소이다. 주로 곡류, 과일, 야채와 식물성 기름을 이용하여 제조한다.

Vegetarian Lacto-Ovo Meal (VLML)

일체의 육류, 생선류, 가금류, 동물성 지방, 젤라틴을 사용하지 않지만, 달걀, 유제품은 포함된 서양식 채식을 말한다.

Vegetarian Hindu Meal (AVML)

▲ AVML

생선, 가금류를 포함한 모든 육류, 달걀을 사용하지 않으나, 유제품은 사용하여 제조된 기내식을 말한다. 따라서 모든 종류의 생선, 육류, 육가공품, 동물성 지방, 달걀은 사용되지 않는 인도채식이다.

Vegetarian Jain Meal (VJML)

일체의 육류, 생선, 가금류, 유제품, 동물성 지방, 달걀 및 양파, 생강, 마늘 등의 뿌리식품을 사용하지 않고 제조된 기내식이다. 대신 야채, 신선한 과일, 곡류, 콩류, 향신료, 시리얼, 두부는 사용이 가능한 엄격한 인도채식이다.

Vegetarian Oriental Meal (VOML)

일체의 육류, 달걀, 유제품, 생선류, 가금류 등의 동물성 식품은 사용하지 않으나, 야채, 신선한 과일을 사용하고 양파, 마늘 생강 등의 뿌리식품은 사용 가능한 중국식으로 제조한 동양채식이다.

Raw Vegetarian Meal (RVML)

카페인, 방부제, 중독성 가공식품을 사용하지 않고 신선한 과일, 생야채를 사용하여 제조한 기내식을 말한다.

생야채 채식 주의자에게 제공하고 유제품과 빵류는 취식 가능한 채식이다.

종교식

특정한 종교의 이유로 사전 예약 주문대로 제조하여 기내에 탑재된 기내식이다.

Hindu Meal (HNML)

비채식 인도인을 위한 식사이다.

소고기나 송아지 고기, 돼지고기, 날생선 및 훈제생선을 사용하지 않으나 양고기, 가금류, 해산물과 생선, 우유를 사용하여 제조된 기내식을 말한다.

Moslem Meal (MOML)

이슬람교 율법에 따라 준비하며 알코올, 돼지고기(햄, 베이컨, 젤라틴 등등)을 일체 사용하지 않는다. 주로 쇠고기나 양고기, 닭고기를 무슬림 고유의 방식으로 준비하여 사용한다.

Kosher Meal (KSML)

유대교 율법에 따라 조리되어진 기내식이다.

코셔밀은 육류와 유제품을 섞어 사용하는 것을 금기시하고, 돼지고기, 조개, 갑각류 등의 재료를 사용하지 않는다. 또한 한 번 사용한 식기를 씻어서 다시 사용하지 않게 때문에 코셔밀은 각각의 용기나 봉투에 밀봉되어 나온다. 밀봉된 코셔밀은 주문한 승객 본인만 열 수 있기 때문에 승무원은 승객의 허락을 구한 다음 동의를 얻어 개봉하고 가열하여 제공한다.

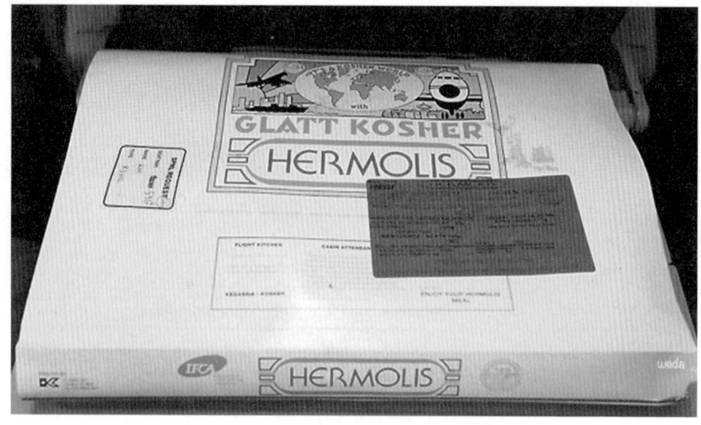

▲ 코셔밀(KSML)

건강 조절식

건강상의 이유로 특별한 식단이 필요한 승객에게 의학 및 영양학적인 전문지식을 바탕으로 제조되어진 기내식이다.

Low Fat Meal (LFML)

콜레스테롤이 높은 고지방 육류, 달걀, 농축된 육수, 갑각류 등을 사용하지 않고 저지방 육류, 생선 등을 사용하여 조리한 기내식을 말한다.

조리 시 기름에 튀기거나 볶지 않고, 찌거나 굽는 방법을 택한다. 심장질환, 고지혈증, 동맥경화증 환자를 위한 식사이며 지방 섭취량을 100g, 당 3g, 포화지방 섭취량 100g으로 제한한다. 고섬유질 빵과 시리얼, 과일, 채소는 함께 제공이 가능하다.

Diabetic Meal (DBML)

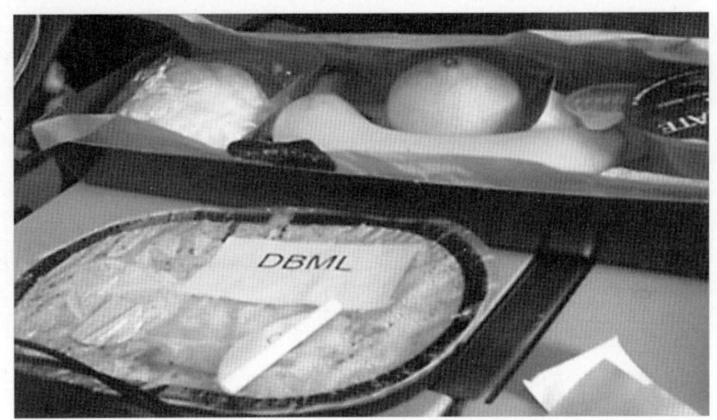

▲ DBML

열량, 단백질, 지방 섭취량을 조절하고 식사시간에 따

른 식사량을 배분하여 포화지방산의 섭취를 제한한 식사이다. 주로 당뇨에 관한 질환이 있는 승객이 섭취하며, 저지방 유제품, 정제되지 않은 곡류가 함유된 빵, 밥 및 시리얼 제품으로 구성되어 있고 껍질을 제거한 가금류, 육류 살코기, 고섬유질 음식은 취식이 가능하다.

Low Calorie Meal (LCML)

체중조절을 목적으로 열량을 제한하는 승객을 위한 기내식이다.

한끼당 400칼로리 미만의 저지방, 고섬유질 음식으로 구성되어 있고, 튀기는 조리법 및 고지방의 디저트나 소스는 제한하여 조리한다. 지방함량이 적은 육류, 저지방 유제품, 과일, 채소류를 제공한다.

Bland Meal (BLML)

자극이 없는 유동식을 말하며 소화기능이 저하된 승객과 위장장애, 수술한 환자 승객에게 소화되기 쉽도록 만들어진 기내식을 말한다. 일반적으로 항공사에서는 죽을 제공한다. 튀긴음식, 강한 향신료, 가스를 유발 할 수 있는 야채 및 기름기 많은 음식을 제한하나 껍질을 제거한 가금류, 육류 살코기, 고섬유질 음식은 섭취가능하다.

▲ BLML

Gluten Intolerant Meal (GFML)

식사 내의 글루텐 함유를 엄격히 제한한다. 글루텐 함량이 많은 밀, 보리, 호밀, 맥아, 귀리 등을 사용하지 않으며 대신 쌀, 고구마, 감자, 콩 등을 사용한다.

Low Salt Meal (LSML)

간질환, 심장병, 신장병 및 염분이 제한된 식사를 원하는 승객에게 제공하고 하루 염분 섭취를 100g당 120mg 이내로 제한한 식사를 말한다. 훈제, 염장제품을 사용하지 않고 모든 소스도 염분량을 고려하여 제조된다. 토마토 케첩이나 머스터드 같은 제품도 아울러 제한하나 재료

내 염분량을 고려하여 허용범위 내에서는 사용 가능하다.

Seafood Meal (SFML)

생선과 해산물을 주재료로 하여 곡류, 야채, 과일이 함께 제공되는 기내식을 말한다.

Fruit Platter Meal (FPML)

▲ FPML

신선한 과일로만 제조된 기내식을 말한다.

Anniversary Cake : Special Meal for Anniversary (SPMA)

▲ SPMA

생일, 허니문 등과 같이 특별한 날을 기념하고 축하하기 위한 케이크이다.

단, 한국 출발편에서만 제공된다.

기내식 코드 (Meal Code)

CODE	EXPLANATION	KOREAN
AVML	Asian Vegetarian Meal	동양채식
AVLML	Asian Lacto Vegetarian Meal	동양채식/+유제품
AVSML	Strict Asian Vegetarian Meal	동양채식/−유제품
IVML	Indian Vegetarian Meal	인디안 채식

CODE	EXPLANATION	KOREAN
IVLML	Indian Lacto-Vegetarian Meal	인디안 채식/+유제품
IVSML	Strict Indian Vegetarian Meal	인디안 채식/-유제품
BBML	Baby/Infant Meal	유아식 (2세 미만)
BLML	Bland Diet/Soft Meal	소화식
CHML	Child Meal	소아음식
CHHAML	Child Hamberger	소아음식 (햄버거)
CHHOML	Child Hot Dog	소아음식 (핫도그)
CHSPML	Child Spaghetti	소아음식 (스파게티)
DBML	Diabetic Meal	당뇨식
DYML	Dairy Meal	유제품식
FPML	Fruit Plate	과일식
FSML	Fish Meal	생선식
GFML	Gluten Free Meal	글루텐 제한식
HFML	High Fiber Meal	잡곡/야채/해조류식
HNML	Hindu Meal	힌두교도식
KSML	Kosher Meal	유태인식
KSCML	Kosher Meal/CHX	유태인식 (치킨)

CODE	EXPLANATION	KOREAN
KSBML	Kosher Meal/Beef	유태인식 (비프)
SKML	Strictly Kosher Meal	유태인식/메하드린 타입
MMML	Mealmart Brand Meal	유태인식/글래트코셔
LCML	Low Calorie Meal	저 열량식
LFML	Low Fat/Cholesterol	저 열량식/심장질환자
LPML	Low Protein Meal	저 단백식
LSML	Low Salt/Sodium Meal	저 염식
MOML	Moslem Meal	회교도식
NLML	No Dairy/No Milk Meal	비유제품식
OVML	Oriental Vegetarian Meal	동양조리채식
OVLML	Oriental Lacto Vegetarian Meal	동양조리채식/+유제품
ORML	Oriental Meal	동양식
PRML	Low Purine/Acide Meal	저 요산식
PWML	Post Weanling Meal	이유식
RVML	Raw Vegetarian Meal	생채식
SFML	Sea Food Meal	해산물식
VLML	Lacto Vegetarian Meal(Dairy-Egg OK)	채식/+유제품

CODE	EXPLANATION	KOREAN
VGML	Pure Vegetarian/No Dairy N Egg	채식/-유제품
WVML	Western Vegetarian Meal	서구채식
WVLML	Western Vegetarian Lacto Meal	서구채식/+유제품
WVSML	Western Strict Vegetarian Meal	서구채식/-유제품
HXML	Chicken Meal	닭고기
MAML	Anniversary Cake	기념 케익
MBML	Birthday Cake	생일 케익
MHNL	Honeymoon Cake	신혼 케익
MVML	Von Voyage Cake	여행 케익
NBML	No Beef Meal	소고기 금기식
NSML	No Salt Meal	비염(조염)식
NFML	No Fried Food	기름조리 금기식
NEML	No Egg Meal	계란 금기식
NMML	No Red Meal Meal	적육(赤肉) 금기식
NOML	No Oil Meal	기름사용 금기식
NPML	No Pork Meal	돈육 금기식
NGOML	No Garlic/Onion	마늘양파 금기식

Quiz

01 객실승무원이 다음 지점에서 비행근무를 하기 위해 승객복장으로 비행기에 탑승하여 이동하는 경우를 일컫는 용어는?

02 항공기에 비치되어 운영되며, 승무원의 필수 휴대품으로 지정된 안전교범을 일컫는 용어는?

03 항공기 또는 승무원이 모기지가 아닌 다른 체류지에서 하루 이상 머무는 것을 무엇이라고 하는가?

04 항공기의 실제 출발시간을 일컫는 용어는 무엇인가?

05 성인을 동반하지 않고 혼자 여행하는 소아를 말하며, 국내선은 만 5세~13세 미만, 국제선은 만 5세~12세 미만의 승객을 무엇이라고 하는가?

Memo

항공기 구조 및 객실설비 전문용어

항공기 외부구성

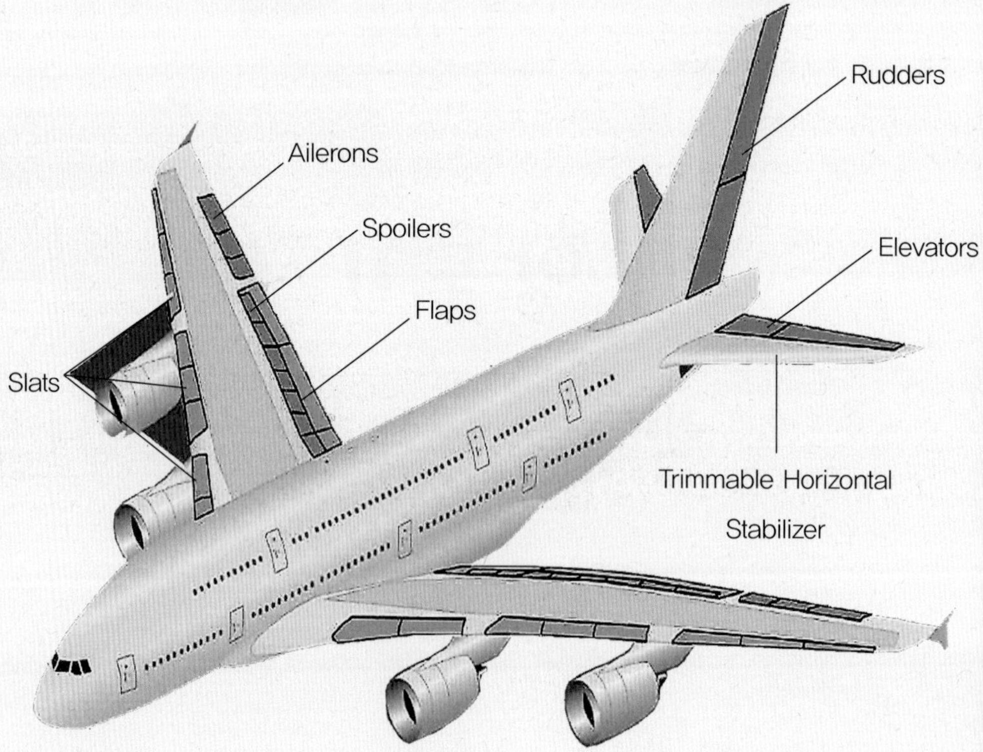

▲ A380항공기의 열러 조종면(Control serface)

주날개 (MAIN WING)

▲ 주날개 (MAIN WING)

항공기 중심에 위치한 날개로써 비행에 필요한 양력을 발생시키며 에일러론(Aileron), 플랩(flap), 스포일러(spoiler) 등의 추가 장치들이 있으며 주날개 내부에는 항공기 연료탱크가 설치되어 있다.

꼬리날개 (TAIL WING)

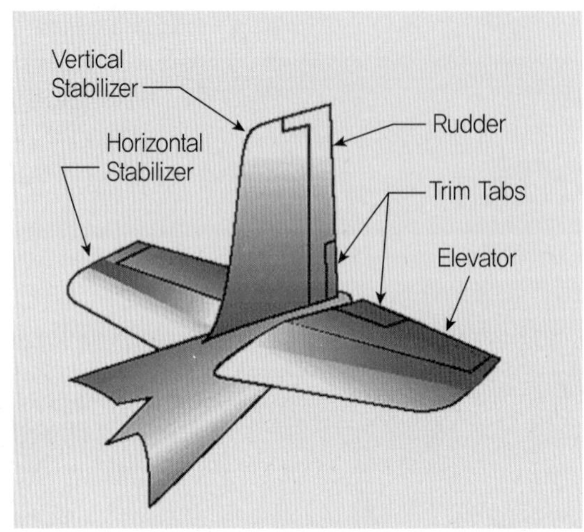

▲ 꼬리날개(TAIL WING)의 명칭

수평꼬리날개와 수직꼬리날개로 이루어져 있으며 비행에 필요한 양력을 만들기 보다는 항공기의 자세 변화와 유지의 역할을 한다.

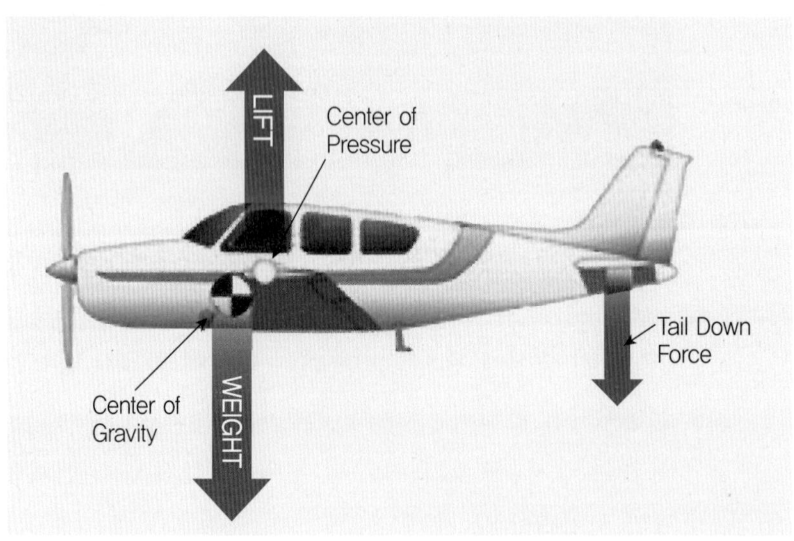

▲ 꼬리날개(TAIL WING)의 역할

에일러론(Aileron, 보조날개)과 롤링(Rolling, 옆놀이 운동)

항공기가 선회하기 위해서는 항공기를 좌우로 기울이는 롤링(rolling)이 필요하며 에일러론(aileron)이 사용된다. 왼쪽과 오른쪽의 에일러론(ailoeron)은 서로 반대방향으로 작용

▲ 조종석의 조종간

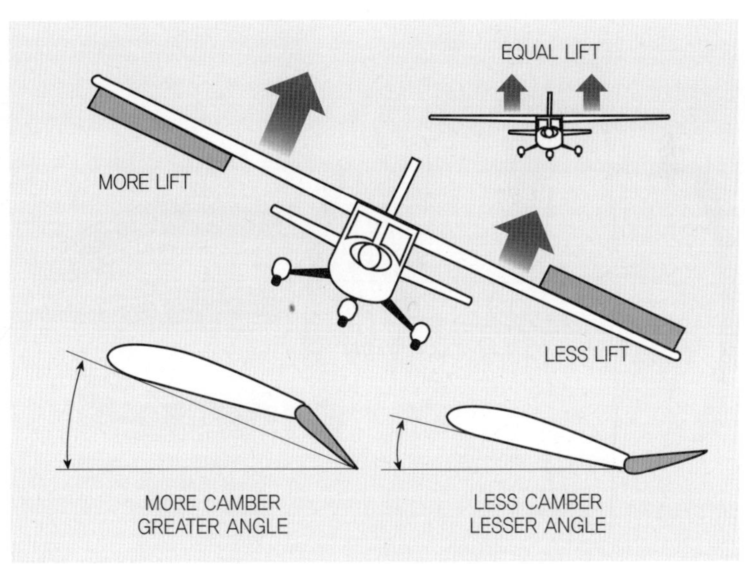

▲ 에일러론에 의한 항공기 롤링

하며, 오른쪽 에일러론(aileron)을 올리면(왼쪽 에일러론은 내려감) 비행기는 오른쪽으로 롤링(rollong)이 생기며, 러더(rudder)와 작용하여 오른쪽 선회운동을 일으킨다. 에일러론의 조종은 칵핏의 조종으로 이루어진다.

러더(Rudder, 방향타)와 요잉(Yawing, 빗놀이 운동)

러더(rudder)는 수직꼬리날개 뒤쪽에 연결되어 있는 보조 날개로써 비행기의 기수 방향을 조종하기 위한 요잉(Yawing)에 주로 사용된다. 참고로 비행기의 선회(turning)는 에일러론(aileron)과 러더(rudder)의 작용으로 이루어진다. 러

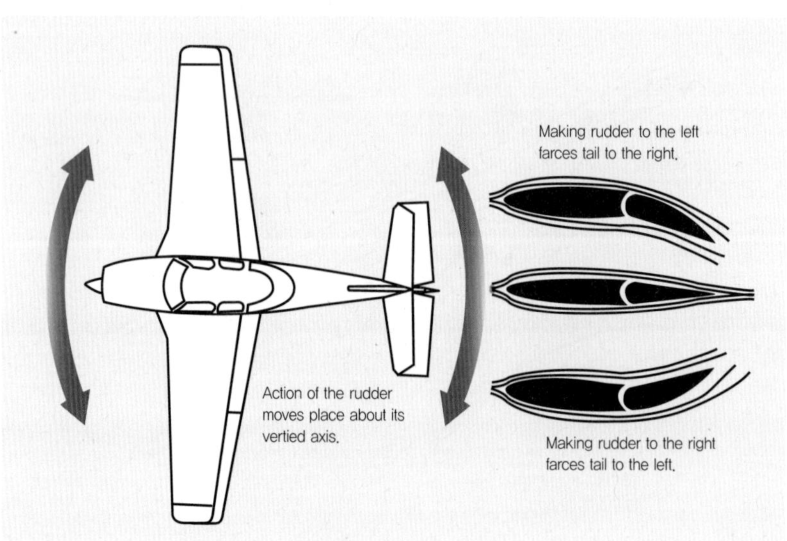

▲ 러더와 항공기 기수의 움직임

▲ 조종석 밑부분의 러더 페달

더(rudder)는 조종석 발 쪽에 있는 러더 페달로 작동된다.

엘리베이터(Elevator, 승강타)와 피칭(Pitching, 키놀이 운동)

엘리베이터(elevator)는 수평꼬리날개 뒤쪽에 연결되어 있는 보조 날개로 비행기의 상승과 하강(Pithing)에 주로 사용되며, 항공기의 수평 안정성을 유지한다.

조종석의 조종간을 당기면, 엘리베이터(elevator)가 위로 올라가게 되며, 이로 인해 항공기의 꼬리부분은 아래로 향하고 항공기의 앞부분(기수)는 위로 향하게 되어 상승(climb)할 수 있다. 반대로 조종간을 밀면, 엘리베이터(elevaro)가 밑으로 내려가게 되며, 이로 인해 항공기 꼬리날

▲ 엘리베이터에 의한 항공기 피치운동

개는 위로 향하고 항공기의 앞부분(기수)은 아래로 향하게 되어 하강(descend)을 할 수 있다. 참고로 대부분의 항공기는 조종간을 사용하지만, 에어버스(AIRBUS) 항공기는 SIDE STICK을 계발하여 사용하고 있다.

▲ AIRBUS항공기의 Side stick

항공기의 ROLL, PITCH, YAW운동

▲ Roll Longitudinal Aileron Control

▲ Pitch Lateral Axis Elevator Control

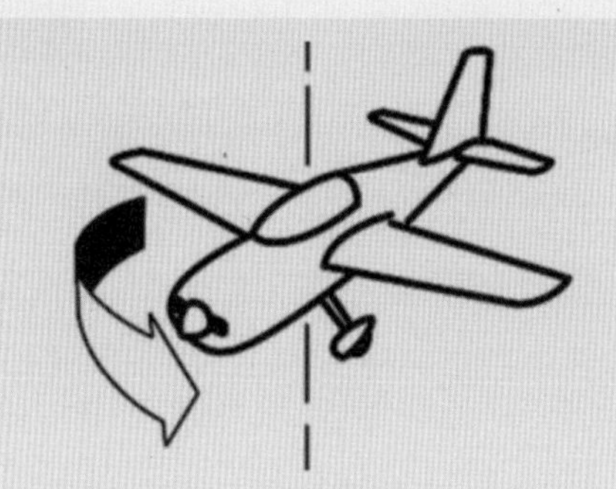

▲ Yaw Vertical Rudder Control

WING LET

날개 끝부분에 장착된 장비로써 wingtip vortex를 줄여 주어 연료효율을 증가시키는 효과가 있다. 항공기 기종마다 조금씩 다른 모양을 가지고 있다.

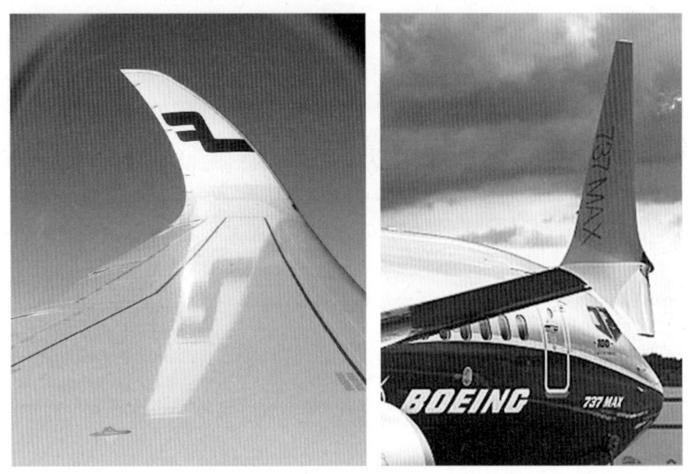

▲ 여러 가지 모양의 항공기 WING LET

플랩(FLAP, 고양력 장치)

이륙과 착륙과 같은 저속의 상태에서 양력을 증대시키기 위해 날개의 면적과 받음각(Angle of Attact)을 증대시키는 장치를 플랩(고양력장치)라고 한다. 이 플랩의 작동은 특히 착륙 중에 주날개의 뒷부분에서 관찰이 쉽다.

▲ A380항공기의 플랩(FLAP)

스포일러 (SPOILER)

항공기의 주날개에는 양력을 증가시키는 장치 외에도 양력을 감소시키거나 항력을 증가시키는 장치를 부착시

▲ 스포일러 (SPOILER)

키는데 이를 일반적으로 스포일러라고 부른다. 이 장치는 공중에서 빠른 강하가 필요할 때 사용되는데 기내에서는 약간의 진동이 느껴진다. 또한 착륙 후 BRAKE의 효과를 증대시키기 위해서 사용되어지며 창문으로 관찰하면 날개 윗면에 그림과 같이 스포일러가 올라오는 것을 볼 수 있다.

항공기 엔진 (ENGINE)

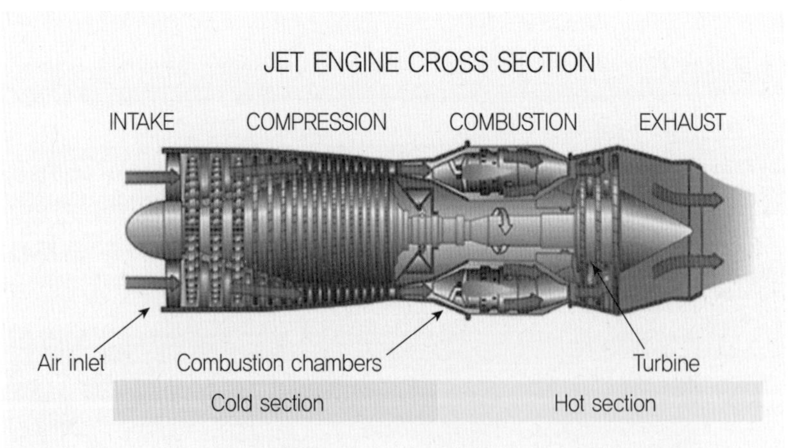

▲ 항공기 엔진 (ENGINE)

연료를 연소하여 앞으로 나아가는 힘(추력)을 발생하는 기관이다. 일반적으로 비행기에 사용되는 엔진은 제트 엔진으로 앞쪽의 공기를 압축시키고 연소실에서 연소시킨

후 그 연소가스를 노즐로 분출시켜, 그에 대한 공기의 반작용으로 추진력을 얻어 비행을 한다. 엔진의 출력단위는 파운드(LBS)를 사용하며 대부분의 엔진은 주날개 아랫면에 위치하고 있다.

착륙장치 (LANDING GEAR)

이륙과 착륙 그리고 지상이동에 필요한 장비로써 타이어, 충격흡수 장치, 제동장치(Brake) 등으로 구성되어 있다. 이륙을 하면 동체 안으로 접혀 들어가고 DOOR가 닫힘으로써 항공기 주변의 공기의 흐름을 원활하게 하여 항공기

▲ 착륙장치(LANDING GEAR)

비행성능을 향상시킨다. 또한 항공기 타이어의 직경은 약 120cm이며 A380기종의 경우 총 22개의 타이어가 설치되어 있다.

객실구성 및 설비

객실(Cabin)은 조종실 뒤편에 위치하고 있는 항공기 내부 공간으로 객실승무원의 주 근무공간이다. 통로가 하나인 항공기를 소형기, Single Aisle Aircraft 또는 Narrow Body Aircraft라고 하며 통로가 두 개인 항공기를 중, 대형기, Dual Aisle Aircraft 또는 Wide Body Aircraft라고 한다. 객

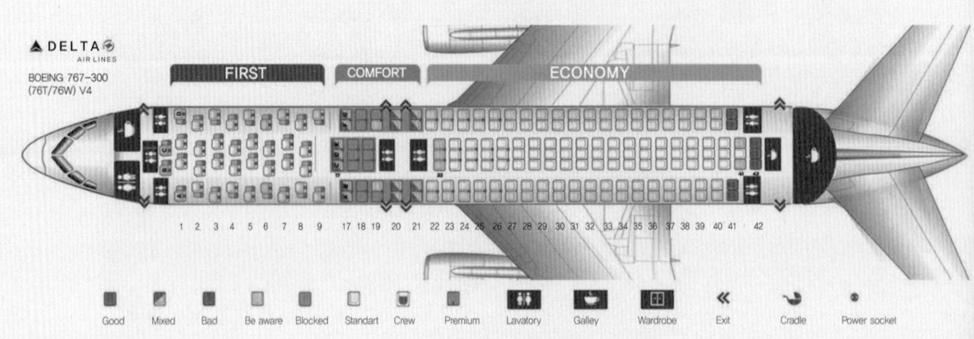

▲ 객실의 구조 도면

실은 Bulkheads라고 불리는 칸막이로 나누어져 있으며, 일반적으로 중, 대형기가 운용되는 국제선은 일등석(First Class), 비즈니스(Prestige Class), 일반석(Economy Class) 세 개의 구역으로 나뉜다.

대형 항공기의 Section은 Zone으로 나뉘며 일반적으로 최전방 객실, 즉, A Zone은 First Class, 그 뒤쪽인 B Zone은 Prestige Class, C,E,D Zone은 Economy Class로 운영된다.

승객의 좌석

승객의 좌석은 열(Row)의 형태로 배치되어 있으며 한 열의 좌석(Row Of Seats)은 왼쪽 창측으로부터 오른쪽 창측까지 놓여있다. 각 열은 좌석 Set(Set Of Seats)들로 구성되어 있고, 좌석Set은 개인 승객좌석의 그룹이다. 이러한 승객 좌석의 열은 번호로 지정되어 있으며 각 좌석은 영문 알파벳으로 지정되어 있다.

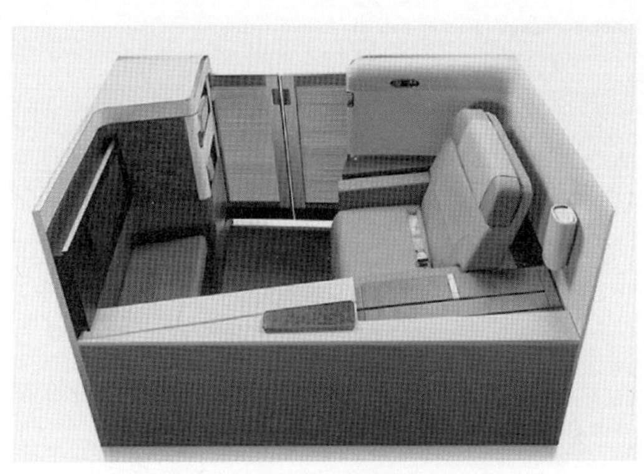

▲ First Class 좌석

좌석의 구성요소로는 Armrest, Footrest, Seat back,

Tray Table, Seat Pocket, Seat Restraint Bar 등이 있다.

▲ Prestige Class좌석

Footrest

Footrest는 일등석과 비즈니스 좌석에 설치되어 있는 발받침대이다. 또한, 신형 장거리용 항공기의 일반석에도 장착되어 있다. 일반적으로 Footrest 조절장치는 Armrest에 설치되어 있다.

▲ First Class 좌석의 Footrest

Tray Table

▲ 식사 시 Tray Table 사용 모습

대부분의 Tray Table은 좌석 등받이에 있으며 아래로 내려서 사용하고 사용하지 않을 때는 위로 올려 Twist Lock을 이용하여 고정시킨다.

Bulkhead Seat이나 일등석, 비즈니스 좌석의 Tray Table은 Armrest 안에 장착되어 있다.

Armrest

Armrest는 좌석을 뒤로 기울일 수 있는 조절 Button이 달려있고, 종류에 따라서는 음악 및 독서 등(Reading Light) 조절 Switch, 승무원 호출 Button이 달려 있다. 어떤 Armrest는 Tray Table이 장치되어 있으며, Armrest의 모양은 항공기에 따라 다르다.

고정식(Stationary)

통로 쪽 좌석이나 Bulkhead 쪽의 좌석에 장착되어 있으며 움직이거나 분리할 수 있다.

▲ 고정식 팔걸이

유동식(Movable)

Armrest가 위아래로 움직이는 형태로 일반석 사이 장착되어 있고 통로 쪽의 좌석중에도 설치된 경우가 있다.

▲ 유동식 팔걸이

Seatback

좌석 등받이의 조절장치는 Armrest에 있으며 모든 좌석의 등받이는 바로 세운 상태로 고정이 가능하고 대부분의 좌석은 뒤로 기울일 수 있다. 단, 좌석을 뒤로 기울였을 때 비상구를 막는 좌석의 경우 좌석이 뒤로 기울어지지 않는다.

Seat Pocket

좌석 등받이에 부착되어 있으며 Safety Information Card, 기내잡지(Morning Calm, Beyond), 기타 인쇄물 등이 들어 있고, 앞에 좌석이 없는 경우에는 승객의 좌석 앞 Bulkhead 또는 좌석 옆 Side Wall에 위치하고 있다.

▲ 모니터가 없는 좌석의 Seat Pocket

PSU(Passenger Service Unit)

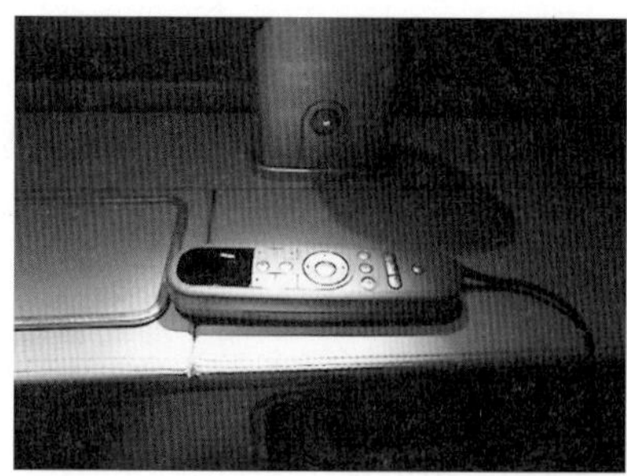

▲ PSU(Passenger Service Unit)

독서등, 승무원 호출버튼, 좌석벨트 및 금연표시 등 승객이 비행 중 이용할 수 있는 편의시스템이다. 좌석의 팔걸이 또는 머리 위 선반에 장착되어 있다.

- Volume Control : 음량조절
- Reading Light Switch : 독서등
- Channel Selector Button : 채널 선택버튼
- Call Button : 승무원 호출버튼
- Headset Jack : 헤드폰 잭

ISPS(In Seat Power Supply)

좌석 전원 공급 장치이다. 과거의 항공기에서는 전자기기 사용 시 휴대용 배터리를 이용하여 전원을 공급받아 사용할 수 있었지만, 최신 기종의 항공기에는 기내 전원 System이 장착되어 있어 승객의 개인용 노트북 등 휴대용 전자기기를 사용할 수 있게 되어 있다. 노트북 컴

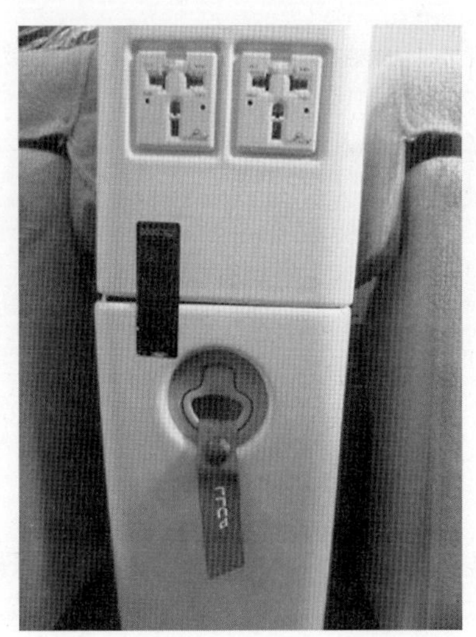

▲ ISPS(In Seat Power Supply)

퓨터에 ISPS를 이용하여 전원 공급 시에는 반드시 배터리를 분리하여야 하며, 배터리를 이용하여 전원을 연결하거나 충전할 경우 폭발의 위험이 있어 승객에게 공지해야 한다.

보관 장소(Storage Area)

Overhead Bin

좌석 위 휴대수하물을 보관하는 선반이다. 항공기 Overhead Bin의 형태는 2가지이며, 아래로 내려오며 열리는 방식인 Pivot형과, 반대로 위로 올려 여는 방식인 self형이 있다. Overhead Bin에는 수용할 수 있는 최대 허

▲ Pivot형

▲ self형

용무게를 표시하는 Placard가 붙어 있다.

허용중량은 Bin에 따라 다르다. 항공기 내에서 발생하는 부상의 50% 이상이 Overhead Bin에서 떨어지는 물건으로 인해서 일어난다. 따라서 승무원은 부상을 방지하기 위해서 Overhead Bin을 열고 닫을 때 항상 주의를 기울여야 하며, 부상을 방지하기 위한 경고 Placard가 붙어있다.

Coatroom

승객의 옷, 휴대수하물이나 기타 서비스 물품을 보관하는 공간이다.

항공기 전, 후방 및 벽면을 이용하여 설치된 Compartment

이다. Placard에 표시된 최대 허용무게를 반드시 준수하여야 한다.

▲ 기내 Coatroom

▲ Seat Restraint Bar

Seat Restraint Bar

좌석의 발 부분에 설치되어 있고, 좌석 밑에 놓여진 휴대수하물을 고정하기 위한 장치로서 좌석의 전방과 옆면에 설치되어 있다.

Galley

식사 및 음료 서비스를 준비하는 기내 주방이다.

모든 Galley의 전원은 Cockpit에서 공급, 차단하는 system으로 되어 있다.

▲ 오븐

Galley 내 설비는

- 냉장고(Refrigerator)
- 커피메이커(Coffee Maker)
- 오븐(Oven)
- 워터 보일러(Water Boiler)
- Bun Warmer
- 쓰레기 압축기(Trash Compactor)
- 배수구(Drain)과 Water Faucet
- 확장선반(Extension Shelf)

▲ 커피메이커

▲ 카트

▲ 쓰레기 압축기

- 카트(Cart)
- Emergency Power Off Switch
- Galley Water Shut-Off Valve가 있다.
- Circuit Breaker(전류 차단기)

Lavatory

기내 화장실을 말한다. 항공기 내 화장실은 대부분의 항공사가 동일하였으나, 현재는 항공사의 차별화 전략으로 크기, Lay-out 등의 형태를 선별하여 운영하고 있다.

각 항공사 마다 여성전용 화장실, Baby Diaper 전용 화장실, 유아전용 화장실 등 다양한 내부시설을 가지고 있다.

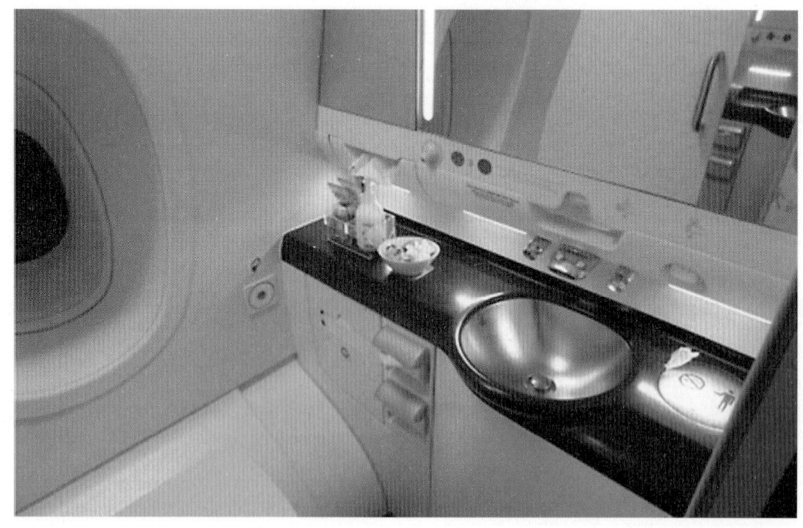

▲ LAVATORY

Upper Deck

▲ Upper Deck 계단

비행기의 2층을 말한다. B747, A380에 Upper Deck이 있다.

Bunk(Crew Rest Area)

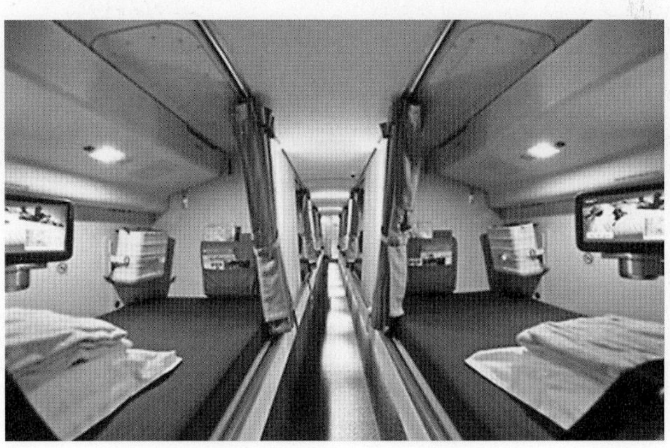

▲ 기내 승무원용 Bunk

10시간 이상의 장거리 비행 시, 승무원의 휴식을 위해 마련해둔 공간이다.

기종별로 객실 후방 2층 또는 항공기 중간 하단에 위치하고 있으며 보통 8개 정도의 침대가 설치되어 있다.

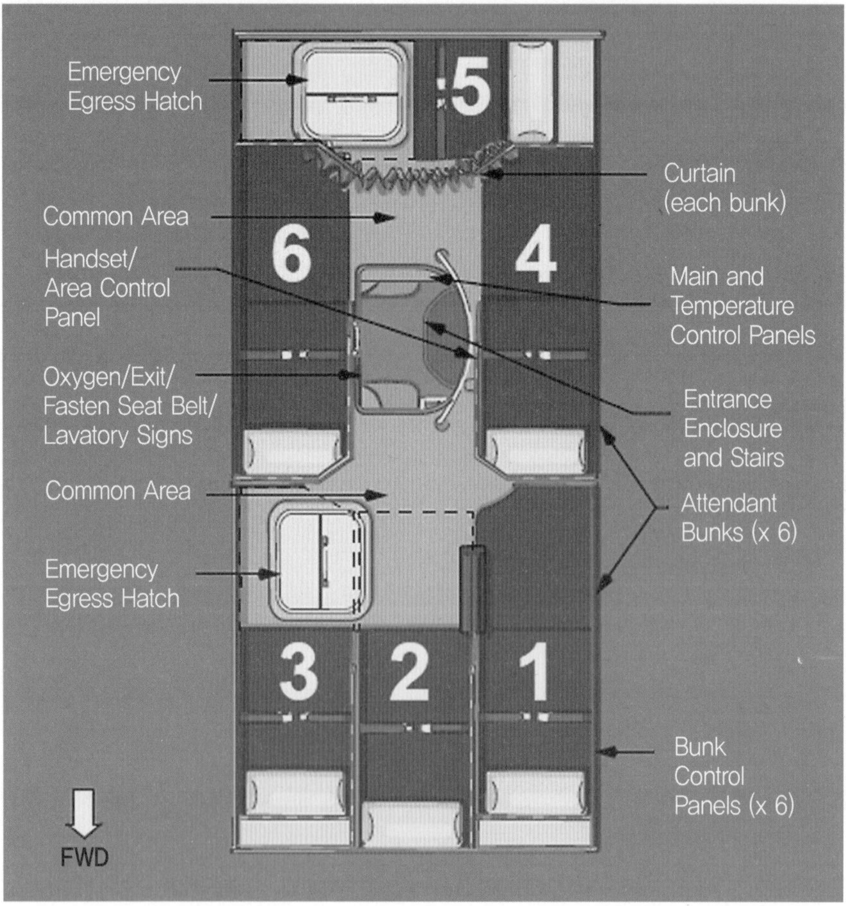

▲ Bunk 구조

FCRC (FLIGHT CREW REST COMPARTMENT)

BUNK 및 좌석이 제공되는 독립된 휴식공간을 말하며, A380기종 같은 대형기에 주로 설치되어 있다.

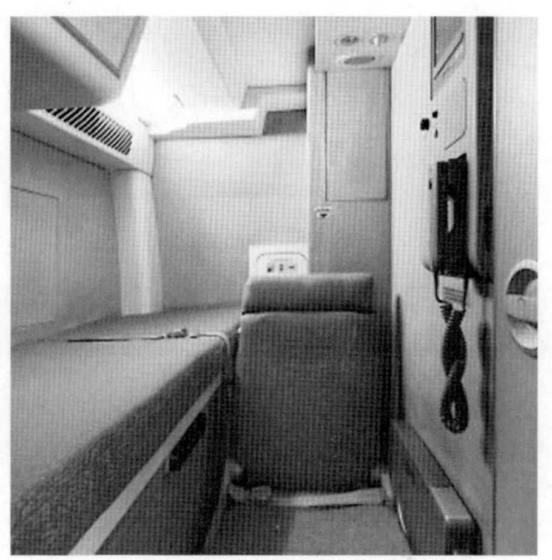

▲ A380기종의 FCRC

Jump Seat

승무원의 좌석으로 비상 시 승객의 탈출을 돕기 위해 비상구 옆에 위치하고 있으며, 이착륙 시 앉게 된다. 모든 Jump seat에는 좌석벨트와 Shoulder Harness, Belt로 구성되어 있다.

▲ Jump Seat

Communication System

Passenger Call 시스템

승객이 승무원을 호출할 때 사용하는 시스템으로 승무원 Call Button은 승객의 좌석 Armrest 또는 좌석 위의 PSU에 설치되어 있다.

각 Zone 마다 설치되어 있는 Master Call Light Display와 Chime으로 승객의 호출을 인지 할 수 있다.

Public Address System

Public Address System은 PA System이라고도 불리며,

▲ J기내 PA System

방송문이나 비행정보를 승객이나 객실승무원에게 전달하는 기능을 한다. 기장이나 객실승무원이 PA System을 이용 할 수 있다.

종류로는 Handset 또는 Microphone이 있다.

PA의 우선순위

① Cockpit Station

② Purser Station

③ Other Cabin Attendant Station

④ Pre-recorded Announcement

⑤ Video/Entertainment Sound

⑥ Boarding Music

Interphone 시스템

객실승무원간 또는 객실승무원과 조종실간의 통화를 가능하게 한다.

ASP(Attendant Switch Panel)

승무원 스위치 조작 패널이다. ASP는 객실승무원이 기내방송 및 승무원 간 인터폰을 하기 위한 핸드 셋이 있으

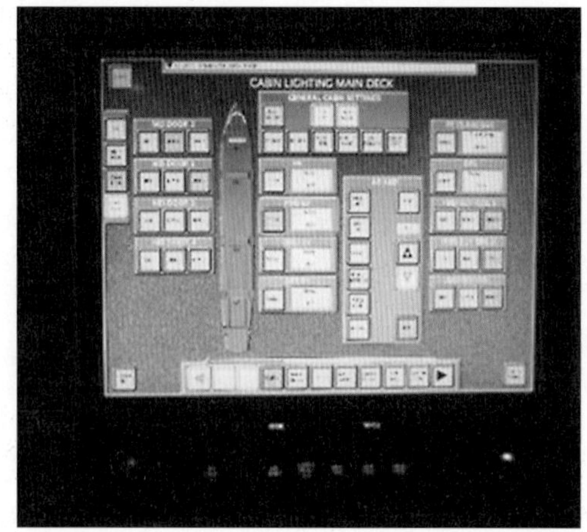

▲ ASP(Attendant Switch Panel)

며, 추가적으로 조명조절 기능, 온도조절 기능 등이 있다.

Entertainment 시스템

AVOD(Audio & Video On Demand)

▲ AVOD (Audio & Video On Demand)〉

주문형 기내오락 시스템으로 승객이 원하는 시점에서 오디오, 비디오 내용을 불러와 재생, 일시정지, 앞으로 감기, 뒤로 감기, 정지하기 등이 가능한 시스템을 말한다. 최신형 항공기에는 대부분 AVOD 시스템이 장착되어 있어 승객들의 즐겁고 편안한 여행을 돕는다.

- IFE (In-flight Entertainment)

좌석마다 설치된 스크린 속 오락 프로그램을 말한다.

영화, 음악, 뉴스, 게임, 에어쇼, 항공정보 등을 선택하여 시청할 수 있다.

- Air Show (항공 지도정보 시스템)

항공 지도정보 시스템이다. IFE 프로그램 중 하나로써,

▲ Air Show

좌석 스크린을 통해 비행경로, 고도, 속도, 외부온도, 비행시간, 운항거리 등을 실시간으로 볼 수 있다.

Boarding Music Control

항공기에서 승객의 탑승 및 하기 시에 틀어주는 기내 배경음악이다.

Video Screen

- 고정식 Screen : 장식면과 화면, 양면으로 되어 필요에 따라 뒤집어 사용할 수 있다.
- Retractable Screen&Monitor
  - 시청하지 않을 때는 원위치에 있어야 한다.
- 고정식 LCD Monitor

Quiz

01 연료를 연소하여 앞으로 나아가는 힘(추력)을 발생하는 기관은 무엇인가?

02 독서등, 승무원 호출버튼, 좌석벨트 및 금연표시 등 승객이 비행 중 이용할 수 있는 편의시스템을 무엇이라고 일컫는가?

03 기내 좌석 전원 공급 장치를 일컫는 용어는?

04 10시간 이상의 장거리 비행 시, 승무원의 휴식을 위해 마련해 둔 공간은 무엇이라고 하는가?

05 방송문이나 비행정보를 승객이나 객실승무원에게 전달하는 기능을 가진 시스템을 무엇이라고 하는가?

Memo

7

객실 안전/보안 전문용어

승객의 항공기 탑승부터 목적지 공항 하기까지 안전하고 편안한 여행을 하도록 안전과 보안을 철저히 하는 것은 가장 근본적이고도 중요한 부분이다.

기내 안전과 보안의 장비는 다음과 같다.

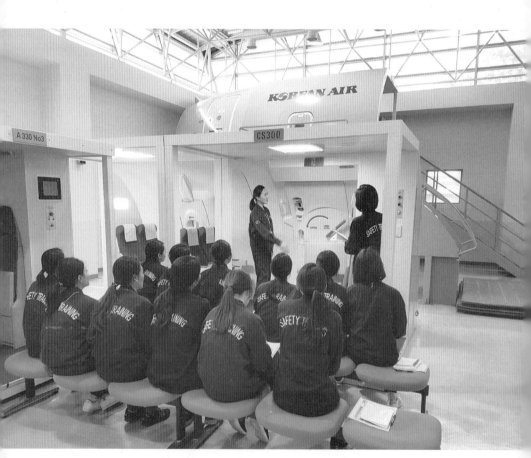

▲ Evacuation 훈련중인 객실 승무원

객실안전

비상 탈출

Evacuation

비정상적인 이륙 및 착륙, 화재, 충돌 등의 항공기의 사고 발생 시 비상탈출을 하는데, 이를 Evacuation이라 한다. 비상탈출이 결정되면 객실승무원은 Shouting을 실시하여 승객에게 탈출명령을 내려야 한다. 미 연방항공청(FAA)에서는 비상탈출을 90초 이내에 하도록 규정화하고 있으며, 이를 위해 각 항공사들은 객실승무원의 비상탈출 훈련을 매년 정기적으로 실시하고 있다.

▲ 영화 '허드슨강의 기적' 비상착수 장면

Ditching

바다, 강, 호수 등 물 위에 항공기가 불시착하는 것을 Ditching이라 한다.

항공기 내에는 Ditching에 대비하여 각 장비들이 준비되어 있다.

DEMO : Safety Demonstration

승객의 안전을 위해 실시하는 시연으로써, 비디오장치

▲ 대한항공 DEMO

나 승무원 시연을 통해 반드시 실시한다. Demo 상영 중 객실승무원은 담당구역의 비상구 주변에 위치한다.

준비자세 (Ready Position)

안전점검 이후 이륙을 위해 지정된 Jump Seat에 착석하여 준비자세를 취하는데, 준비자세란 승무원이 Jump Seat에 착석하여 취하는 자세로서 좌석벨트를 허리 아래쪽으로 고정하고, 숄더 하네스(Shoulder Harness)를 착용하고, 몸을 세워 Jump Seat에 단단히 기대어 앉고, 발바닥을 바닥에 붙인다. 양손의 손바닥을 위로 향하게 하여 다리 밑에 깔고 앉는다.

충격방지자세 (Brace Position)

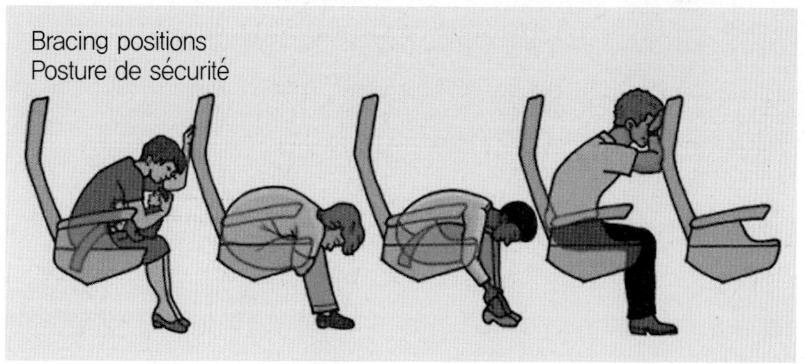

▲ 승객 충격방지자세 (Brace Position)

비상 사태 발생 시 외부 충격으로부터 최대한 몸을 보호할 수 있는 자세로 승객의 충격 방지 자세는 성인의 경우 좌석위치에 따라 달라지며 어린이의 경우도 좌석벨트 착용 여부에 따라 달라진다. 승무원의 충격방지 자세는 항공기 전방을 향해 착석한 승무원과 후방을 향해 착석한 승무원의 자세가 달라진다.

ELT : Emergency Locator Transmitter

조난 시 위치발신이 가능한 송신기이다.

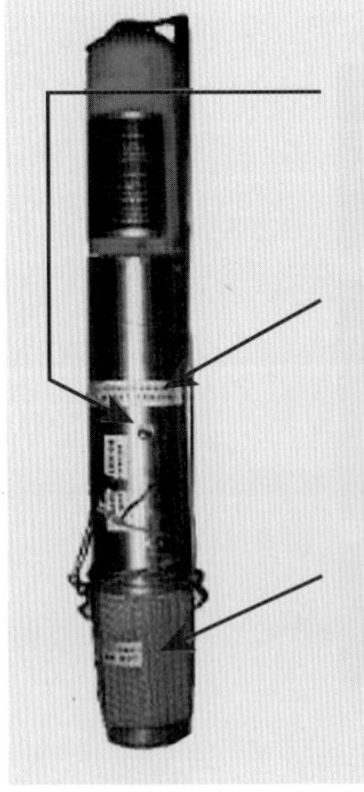

③ Once Holes (x 2-Left & Right) are filled with water ※, ELT sends out emergency signals automatically.
② ELT will erect automatically and Soluble Tape will get melted when it comes to contact with water. Then antenna will erect automatically.
① Tie Lanyard Cord to a certain place on a Slide/Raft and throw it in water.

▲ ELT

항공기가 비상착륙, 착수 시 자동적으로 신호를 발신하여 구조요청을 할 수 있으며, 항공구조대는 이 장치에서 발신되는 구조신호에 따라 조난된 장소를 발견할 수 있게 된다. ELT는 물 또는 물과 유사한 액체를 넣어야 작동 가능하며, 24시간-50시간 동안 유지된다.

ELS : Emergency Light Switch

기내 탈출 시 시야를 확보하고 경로를 밝혀주기 위해 사용되는 스위치이다. 내부 비상등과 외부 비상등이 있다.

Flash Light

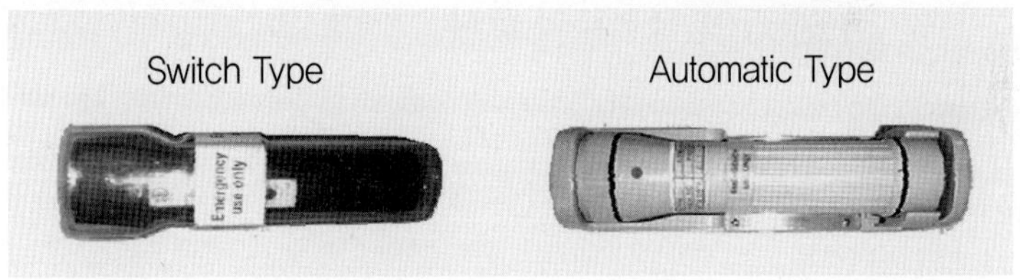

▲ Flash Light

비상탈출 시 승객을 유도하고 시야를 확보하기 위해 사용한다.

모든 승무원 좌석에 위치하고 있다.

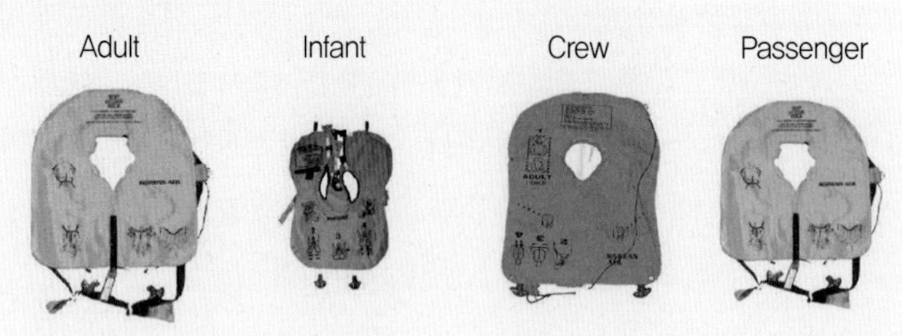

▲ Life Vest 종류

Life Vest

비행기가 바다나 강 등 물위에 불시착 시 사용하는 구명조끼이다. 승무원용은 오렌지색이며, 일반 승객용은 노란색으로 국제 표준화되어 있다. 일반용은 성인용과 유아용의 색상 구분이 되어 있으며 유아용에는 보호자와 연결하는 끈이 장착되어 있다.

Slide/Raft

비상착륙, 비상 착수 시에 모두 사용할 수 있는 장비이다. 비상 착륙 시 신속히 탈출하기 위해 사용되는 탈출용 미끄럼대인 Slide를 비롯하여 비상 착수 시 50-60명 정도 탑승 할 수 있는 구명정 역할인 Life Raft가 있다. Slide와 Raft가 분리되어 있어 많은 단점을 가지고 있던 과거와 달리 현재에는 Slide/Raft 용으로 사용할 수 있게 제작되어 대

▲ Slide

부분의 신기종에는 이와 같은 시스템으로 장착되어 있다.

▲ Raft

▲ A380 기종의 슬라이드 위치

Escape Strap

비상착수 시 Overwing Exit을 통한 탈출을 돕기 위한 것으로 Wing에 있는 고리에 연결하여 사용한다.

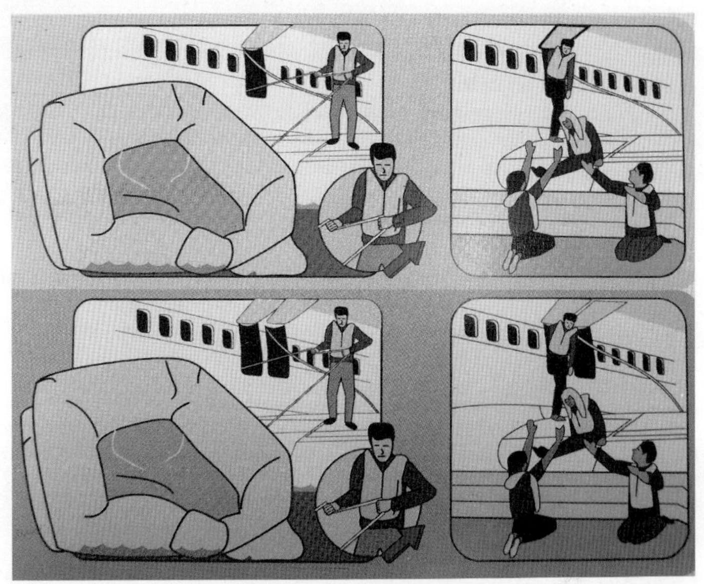

▲ 기내 안전카드에 표시된 Escape Strap

산소 공급 시스템

Cabin Altitude

대기압과 대기 중의 산소 밀도는 고도(Altitude)의 영향을 받는다.

▲ 실제 비행기에서 표시되는 여압관련 Display

항공기는 14,000ft 이상의 고도를 날고 있으므로 적정 산소 밀도를 유지하기 위해서는 일정압력을 유지하여야 한다. 일반적으로 항공기는 5,000-8,000ft정도의 고도에 해당하는 기압을 유지하고 있으며 이러한 인위적으로 유지되는 기내의 압력에 해당하는 고도를 객실고도(Cabin Altitude)라고 한다.

Decompression

감압현상을 의미한다. 비행 중에 항공기의 결함(여압장치의 고장)이나 기체 손상으로 인해 객실 내의 압력이 새어 나

▲ 항공기 외부 손상으로 인한 Decompression

가 기압이 낮아지면서 산소가 희박해지는 현상이다.

감압현상 시 기내변화는 다음과 같다.

- 객실 내 기압이 강하한다.
- 객실고도는 외부고도와 동일화되기 위해 상승한다.
- 산소밀도는 저하된다.
- 객실고도가 14,000ft를 넘으면 신체가 적응하지 못한다.
- Oxygen System이 필요산소를 공급하기 위해 자동으로 작동한다.

▲ 항공기의 산소 마스크

Activation of Oxygen

항공기의 산소 시스템은 객실고도가 14,000ft에 이르면 작동하며 각 좌석set 위에 설치된 산소 Compartment가 열리며 산소마스크가 떨어진다. 산소는 관을 타고 Bag으로 들어와 마스크에 공급되며 마스크는 고정할 수 있도록 고무 밴드가 장착되어 있다.

Oxygen Compartment

Oxygen Compartment는 객실전체에 고르게 분포되어 있으며, 승객좌석 위쪽에는 일반적으로 좌석set당 좌석수보다 1개가 더 장착되어 있고, 승무원 좌석(Jumpseat)위, 화장실내(각 2개)에도 설치되어 있다.

Type Of Oxygen System

화학반응식 개별 산소공급 시스템(Chemical-generated O2 Supply System)

작동법 및 특성

- 객실고도가 약 14,000ft에 도달하면 산소 Compartment가 자동으로 열린다.
- 어떤 마스크를 잡아당겨도 산소가 공급된다.
- 마스크를 당길 때 빠진 핀이 산소발생기의 화학작용을 일으키도록 한다3.
- 화학작용의 결과로 산소가 발생한다.
- 화학작용의 결과로 산소가 발생하므로 산소 공급이 약간 지연될 수도 있다.
- 산소는 약 15분 가량 공급된다.
- 화학반응식의 산소발생기는 일단 화학반응이 일어나면 중단시킬수 없다.
- 하나의 마스크만 잡아당겨도 산소 발생기에 연결된 모든 마스크에 산소가 공급된다.

- 산소발생기 내부의 화학작용은 고열을 발생시키므로, 이로 인해 타는 냄새가 난다.
- 산소 발생기에 직접 닿지 않도록 커버(Heat Shield)가 설치되어 있다.
- 산소 발생기 내의 산소를 발생시키기 위한 화학반응으로 객실의 온도가 섭씨 10도 가량 올라갈 수 있다.

Tank 산소공급 시스템 (Tank O2 Supply System)

작동법 및 특성

- 객실고도가 약 14,000ft에 도달하게 되면 산소 Compartment가 자동으로 열리고, 산소마스크가 내려온다.
- 산소탱크로부터 각 산소 Compartment로 즉시 공급된다.
- 산소마스크를 코와 입에 대고 호흡을 시작한다.
- 객실고도가 낮아지면 객실고도가 10,000ft에 이를 때까지 산소의 흐름(Flow Rate)도 느려진다.
- 산소 탱크방식의 산소 시스템은 조종실에서 공급을 중단 시킬수 있다.

기내 화재진압 장비

H2O 소화기

종이, 의류 및 승객 짐의 화재에 사용한다. 본체, 핸들,

레버, 노즐로 구성되어 있으며 할론 소화기로 화재 진압 후 재발화 위험을 막기위해 사용한다.

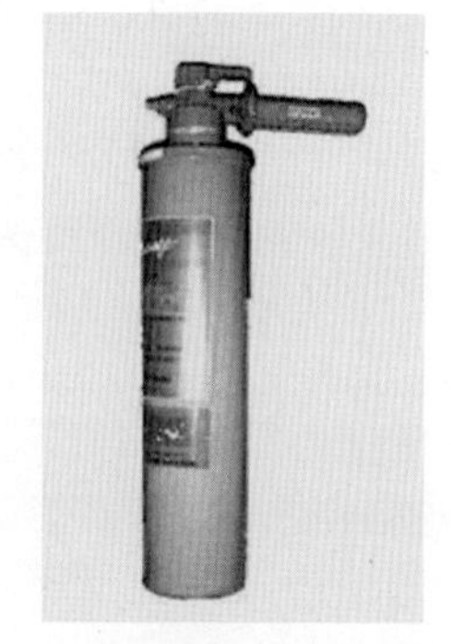
▲ H2O 소화기

Halon 소화기

유류, 전기, 의류, 종이, 승객 짐의 모든 화재에 사용한다.

본체, 핸들, 레버, 노즐, 게이지로 구성되어 있으며 산소를 차단하여 화재를 진압하는 방식이다.

열감지형 소화기

화장실 쓰레기통에서의 화재 발생 시 사용하며 화장실 쓰레기통 내부가 섭씨 72도 이상 올라가면 자동적으로 소화액을 분사하여 화재를 진압하는 방식이다. 화장실 쓰레기통 내부에 장착되어 있다.

Circuit Breaker

전기공급 차단 시 사용하는 장치이다. 전류의 과부하 시 검은색 버튼이 튀어나와 전원공급을 차단시키는 역할을 한다. Coffee Maker나 Oven이 있는 갤리와 조종실에

▲ Circuit Breaker

장착되어 있다.

주의사항

- Circuit Breaker를 눌러 전원을 재연결하기 전에 기장에게 연락한다.
- 재연결된 Circuit Breaker는 인지할 수 있도록 표시해야 한다.
- Circuit Breaker를 이용한 전원의 재연결은 1회에 한해 가능하다.
- 해당 Circuit Breaker가 다시 튀어나오는 경우 재사용을 금지한다.

Smoke Detector

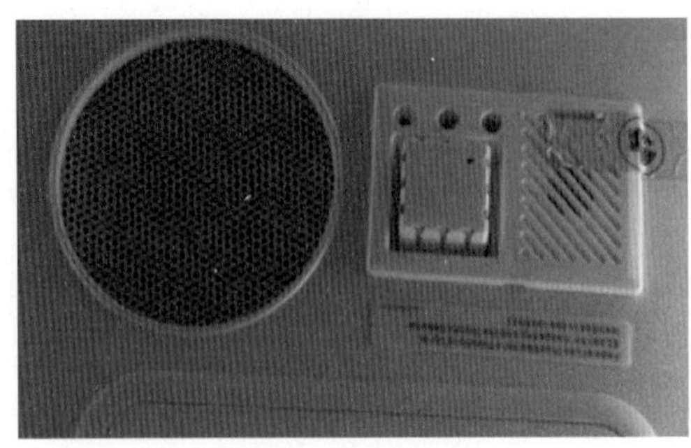
▲ Smoke Detector

기내 화재방지를 위해 화장실 내, 승무원 Bunk(휴게장소)에 위치하는 연기 감지용 장치가 설치되어 있다. 연기 감지 시 고음의 경고음과 함께 Light가 점등된다.

손도끼 (Crash Axe)

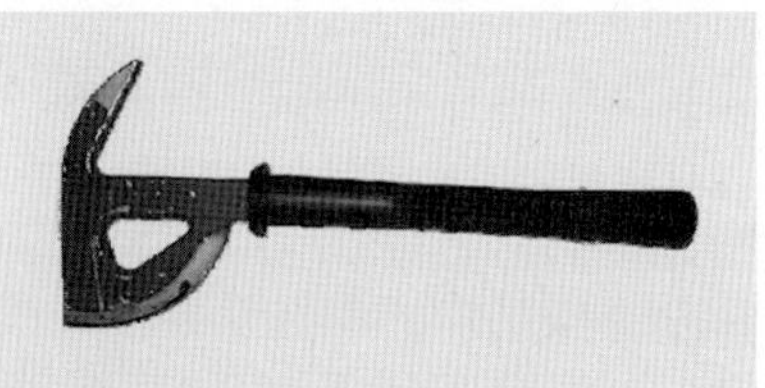

▲ 손도끼(Crash Axe)

화재 발생 시, 접근이 불가능한 객실 구조물 내부를 진압하기 위해 장애물 제거용으로 사용한다. 손도끼는 일반 여객기에서는 조종실에 위치하며, 화물기에서는 Cargo 내부, Cargo Access Door 옆에 위치한다.

석면장갑 (Asbestos Gloves)

▲ 석면장갑(Asbestos Gloves)

뜨거운 물체를 집어야 하는 경우 화상 방지를 위해 사용한다. 조종실에 위치한다.

방화복

화재 진압을 위한 방화복 착용과 동시에 손을 보호하기 위한 석면 장갑이 방화복과 함께 보관되어 있다.

PBE : Protective Breathing Equipment

기내 화재 진압 시, 연기나 유독가스로부터 원활한 호흡과 안면보호를 위해 사용하는 장비이다. 사용시간 15분 초과 시에는 PBE 내부 기온이 상승되므로 신속히 벗어야 한다. 방염소재로 진공포장 되어 있으며 승무원은 비행 전 정위치 보관 여부, 진공상태를 확인해야 한다.

PBE는 제조사에 따라 Puritian Type과 Scott Type의 2가지 종류가 사용되고 있다.

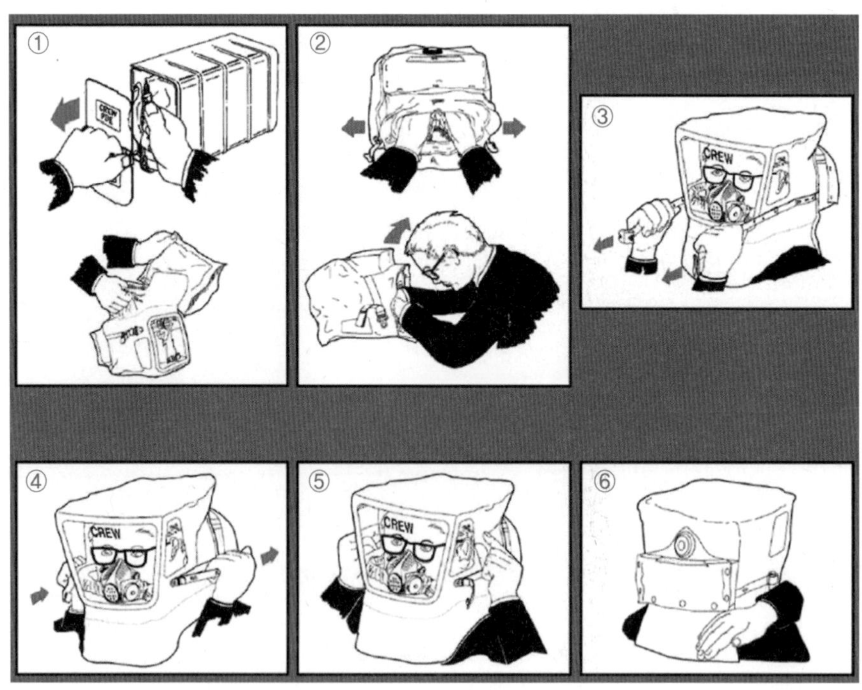

▲ 기내 PBE 사용방법

Smoke Barrier

연기차단 패널이다. 2층 구조로 되어진 기종에 설치 되어 있으며, 1층 객실에서 화재 발생 시 연기가 2층 객실로 올라오는 것을 방지하기 위해 마련된 장치이다. A380, B747 기종에 설치되어 있다.

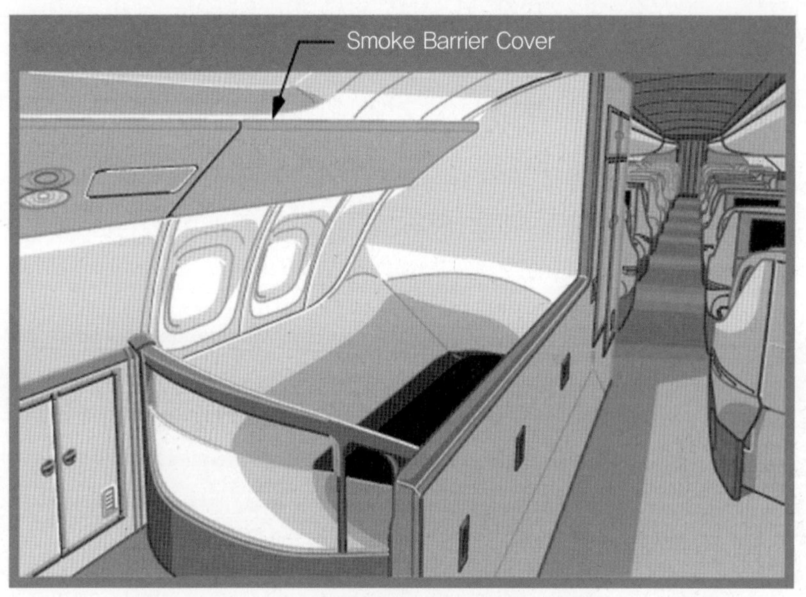

▲ B747 기종의 Smoke Barrier

Master Power Shut Off Switch

항공기 갤리 내 화재 발생 시 해당 갤리의 전원을 모두 차단하는 역할을 한다.

응급 의료장비

항공기 순항 중 응급환자 및 일반 환자 발생 시 신속한 대처를 위해 탑재되며 종류는 다음과 같다.

EMK : Emergency Medical Kit

응급환자 발생 시, 전문 의료인만 사용할 수 있는 의사용 비상 의료함이다.

내용물로는 설명서, 청진기, 혈압계, 기도 유지기구, 주사기, 의과용 소독장갑, 정맥주사용, 항균 소독포, 의료장갑, 수액세트, 지혈대, 거즈, 반창고, 외과용 마스크, 탯줄,

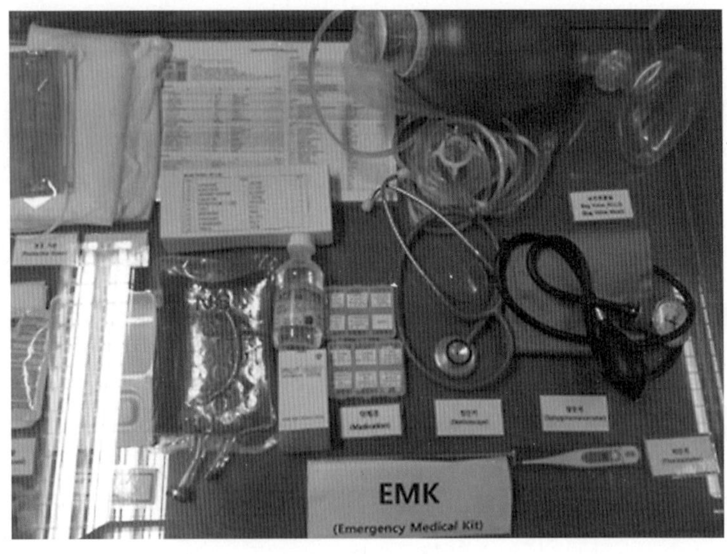

▲ EMK (Emergency Medical Kit)

집게, 비수은 체온계, 인공호흡용 마스크, 펜 라이트, 아드레날린, 항히스타민제, 포도당, 니트로글리세린, 진통제, 항경련제, 기관지 확장제, 진통제, 아트로핀 주사액, 부신피질 스테로이드, 자궁수축제, 생리식염수, 아스피린 등이 있다.

사용 전 반드시 기장에게 보고하며, 사용 후에는 진료기록을 3부 작성하여 환자의 신상정보 및 환자의 상태 등을 기록하여 지상의 의료진에게 인계한다.

FAK : First Aid Kit

비행 중 응급상황에 처한 승객의 사고 및 질병을 응급

▲ FAK (First Aid Kit)

처치하기 위해 탑재된 구급 의료함이다.

항공법에 의거하여 반드시 탑재하도록 규정되어 있으며, 미국 연방항공청(FAA)의 규정에 의해 승객의 좌석 수에 따라 필수 탑재량이 달라진다.(50석당 1개)

내용물로는 거즈용 붕대, 화상치료 거즈, 지혈압박용 거즈, 멸균거즈, 일회용 밴드, 삼각건 및 안전핀, 부목, 멸균면봉, 반창고, 상처봉합용 테이프, 안대, 체온계, 인공호흡용 마스크, 수술용 접착 테이프, 안대, 체온계, 일회용 의료장갑, 손세정제, 가위, 핀셋, 응급처치요령 설명서, 암모니아 흡입제, 타이레놀, 멀미약, 점비액, 항히스타민제, 제산제, 지사제 등이 들어있다.

Medical Bag

비행 중 사용빈도가 높은 의약품이며, 필요시 승객에게 적절한 시점에 제공하기 위해 승무원이 비행 시 휴대하고 있어야 한다. 내용물 구성은 소화제, 두통약, 진통제, 지사제, 일회용 반창고 등의 간단한 구급 상비약이 포함되어 있다.

AED : Automated External Defibrillator

호흡과 맥박이 없는 심장질환 환자에게 전기충격을 주

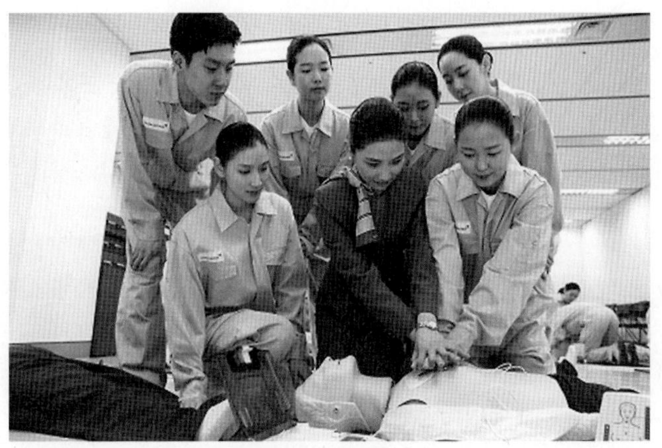

▲ AED 작동법 교육중인 승무원

어 심장박동을 정상으로 활동할 수 있게 도와주는 의료기구이다. 본체와 연결 접착면 그리고 가슴털을 제모할 때 사용하는 면도기로 구성되어 있다.

AED의 사용절차

- AED가 도착하는 즉시, 전원을 켠다.
- AED의 음성 메시지에 따라 패드를 부착한다.
- 패드 커넥터를 AED와 연결한다.
- 환자의 심장리듬을 분석하기 위해 환자로부터 떨어진다.
- 충전 후 전기충격을 방지하기 위해 환자로부터 떨어진다.

- 제세동 버튼(중앙하단)을 누른다.
- 30회의 가슴압박부터 심폐소생술을 재시작한다.

UPK : Universal Precaution Kit

환자의 체액이나 타액으로부터의 오염을 방지해주는 장비이다.

내용물로는 장갑, 오염물 처리 bag, 알코올 스펀지, 보호 가운, 마스크, 사용서 등이 있다.

Resuscitator Bag

인공호흡을 실시할 때 사용하는 보조기구로써, 환자의 호흡을 유도하고 산소를 추가적으로 공급하기 위해 사용한다. 내용물로는 청진기, 탈지면, 얼음주머니, 혈압계, 압박붕대, 체온계 등이 있다.

자동혈압계

기내 환자승객 발생 시 혈압을 자동으로 측정할 수 있게 돕는 장치이다.

혈당측정기가 내부에 동봉되어 있어 혈압 및 당뇨를 측정하는데 사용한다.

On Board Wheelchair (기내 전용 휠체어)

항공사에서는 좁은 Aisle(기내복도)에서도 사용할 수 있는 부피가 작고 알루미늄 재질의 가볍고 튼튼한 접이식 On Board Wheel Chair를 기내에 탑재하며, 모든 비행기에 장착되어 있다.

운항 안전

인적요소 : HUMAN FACTOR

항공안전을 위해 항공기의 발전도 중요하지만 이를

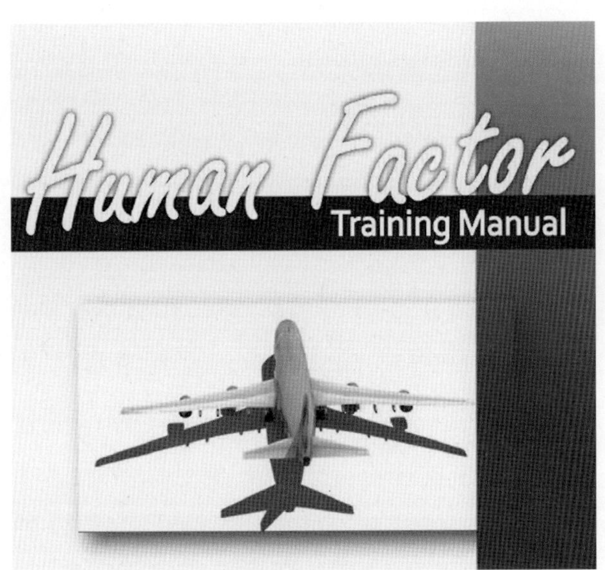

▲ 항공사의 Human Factor 훈련 매뉴얼

운용하는 사람에 대한 연구, 즉 인적요소(HUMAN FACTOR)에 관한 연구와 훈련도 많이 이루어지고 있다. HUMAN FACTORS에 관련된 여러 훈련 프로그램의 궁극적 목표는 업무를 수행함에 있어서 인간의 기능과 역할을 주변의 모든 요소와 관련하여 최적화하여 업무의 능률과 효율성, 안전성을 도모하는데 있다. 그러므로 HUMAN FACTORS는 업무수행 당사자의 인체생리 및 심리 등 내적 요소 외에도 업무와 관련한 주변의 모든 요소 그 자체와 각각의 상호관계가 대상이 되고 있다. 따라서 HUMAN FACTORS와 관련한 대상과 영역은 매우 복잡, 다양하고 범위가 광범위 하여 이를 한정하여 구체화 하기가 어렵다.

합동 자원관리과정 : JCRM, Joint-Crew Resource Management

1989년 4월 24일 CANADA DRYDEN에서 이륙한 AIR ONTARIO F-28이 WING의 표면에 있는 얼음으로 인해 추락하여 24명이 사망하였다. 이륙 전에 승무원은 날개 위에 젖은 눈이 쌓이는 것을 보았으나, 조종사가 객실승무원으로부터 OPERATIONAL에 관계된 정보를 받는 것을 좋아하지 않는다고 느꼈기 때문에 조종실에 가서 이야기하지 않았다. 과거에도 안전에 관한 것이 조종사에 관계된 것이면 민감하게 반응하지 않았고, 흥미가 없어서 무감각하였다. 이 사고를 계기로 운항관련 부서와의 합동

CRM훈련이 사고방지에 매우 유익하다고 판단되어 미국에서 시작하여 전 세계적으로 널리 실시되고 있다.

STERILE COCKPIT

안전운항을 위해 비행중요단계(Critical Phase of Flight, 순항을 제외한 10000ft 이하의 모든 비행)에서 운항승무원은 안전운항과 관련된 업무만을 수행해야 한다는 정책이다. 그렇다고 객실승무원과 안전관련 내용으로 조종실과 통화가 불가능함이 아니다. PIC(Pilot In Command)는 안전 측면을 고려하여 객실승무원과 통화 여부를 결정할 수 있으며 즉각 응답이 곤란한 경우 가능한 빠른 시기에 객실승무원에게 연락한다.

▲ 폭설로 인해 폐쇄된 공항

착륙 공항 변경 : DIVERSION

운항 중인 항공기가 어떠한 이유로 목적 공항에 착륙이 불가능 하거나 또는 목적 공항까지의 비행 자체가 불가능 하여 인접 공항에 착륙하거나 출발 공항으로 되돌아오는 경우를 말한다.

REJECTED TAKE-OFF(RTO), ABORTED TAKEOFF

항공기가 활주로에 정대하여 이륙을 위한 활주를 시작한 후 이륙결심속도(V1, DECISION SPEED) 이하의 속도에서 이륙을 중단하는 것을 의미한다. 비상사태 발생시 운항승무원과 객실승무원간 사전에 약속된 기장의 탈출 지시 방송 또는 탈출 신호음을 말한다.

▲ 엔진화재로 인한 REJECTED TAKEOFF

청정구역 : CLEAR ZONE

조종실문과 조종실문 바로 앞에 있는 Galley 및 화장실을 포함한 객실지역 사이의 공간을 말하며 기장은 승객 난동 등 불법 행위 발생 시 조종실 문 완전 잠금을 실시하고, 청정구역 발동(Clear Zone Declare)을 선포할 수 있다

조류충돌 : BIRD STRIKE

▲ 조류충돌 (BIRD STRIKE)

비행하는 항공기와 조류가 충동하는 것으로 동체가 찌그러지거나 엔진 속으로 들어가 엔진이 작동하지 못하는 등 항공기 안전 운항에 큰 영향을 준다.

객실보안

항공기 안전운항에 방해가 되는 기내 난동승객 대처 및 항공기 공중납치에 대응하기 위해 보안장비를 탑재한다. 항공사별로 상이할 수 있으나 일반적으로 포승줄, 타이랩, 비상벨, 방탄조끼, 방폭담요 등의 보안장비가 운영되고 있다.

테이저 건 : Taser Gun

테이저(Taser)는 근육의 자율적인 통제를 붕괴시키는 전류를 발생시키는데 사용되는 전기충격기를 말한다. 승객과 승무원의 생명 위협상황과 항공기 안전운항 위협상황

▲ 테이저 건 (Taser Gun)

에만 사용되며, 테이저 교육을 이수한 승무원만 사용가능하다. 테이저는 2인 1조로 운반하고 2인 1조로 사용한다.

스턴 건 : Stun Gun

테이저 건을 발사 한 후 더 이상의 실탄을 장전 할 수 없을 때 테이져 건은 스턴 건(전기충격기)으로 사용할 수 있다. 몸에 총구를 대고 방아쇠만 당기면 총구에서 고압의 전기가 흐르게 된다.

방폭매트

방폭매트는 방폭조끼와 한조를 이루어 기내에 탑재되며, 기내 폭발물 발견 시 사용하게 된다.

▲ 방폭매트

폭발물은 원래 이동하지 않는 것이 원칙이지만, 항공기 뒤쪽으로 폭발물을 이동시키고 폭발의 힘을 최소화시키기 위해 덮는 것이 방폭 매트이다. 일반적으로 모든 항공기에는 폭발위험 최소구역(LRBL-Least Risk Bomb Location)이 있으며, 이는 항공기 오른쪽 맨 뒤 도어 근처를 가리킨다.

기내 폭발물 발견 시 조치사항

- 폭발물이 발견된 장소에서 승객들을 가능한 멀리 대피시킨다.
- 폭발물은 설치된 장소에서 이동하지 않는 것을 원칙으로 하지만, 지상에서 승객과 승무원의 안전을 위해 옮기라는 연락을 조종실에서 할 경우 객실승무원은 폭발물을 이동시켜 폭발위험 최소구역(LRBL)로 옮길

수 있다.

- 폭발물을 이동시킬 승무원은 반드시 방탄조끼를 착용하고 폭발물 하단에 이동방지 장치가 없는지 확인한다.
- 폭발위험 최소구역(LRBL)으로 이동 후 승객 및 승무원의 짐을 쌓고 폭발물을 중간에 놓은 후 방폭매트로 완전히 덮는다.
- 짐을 폭발물 위에 높이 쌓고 단단히 묶은 후 의심물질이 남아 있는지 다시 한번 확인한다.

타이랩 : Tie Wrap

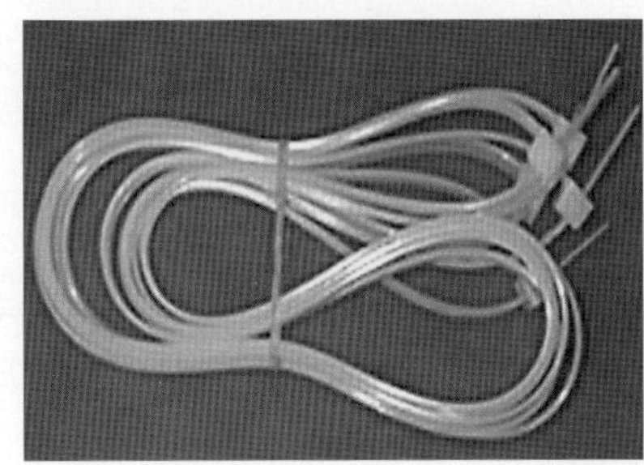

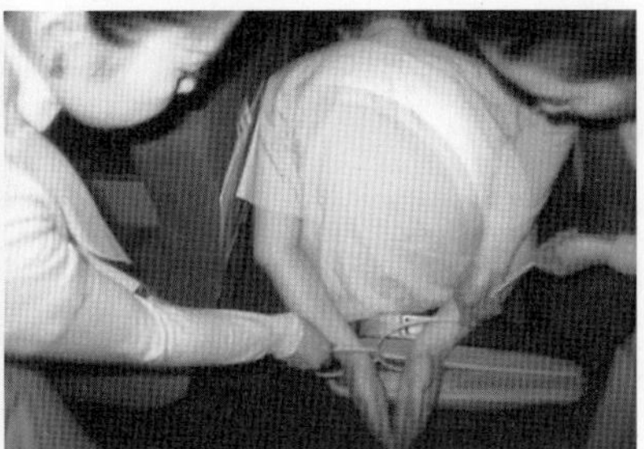

▲ 타이랩 (Tie Wrap)

타이랩의 용도는 기내 난동자의 손, 발을 결박하는데 사용한다.

포승줄

기내난동 승객 등을 결박하는데 사용하는 줄을 말한다.

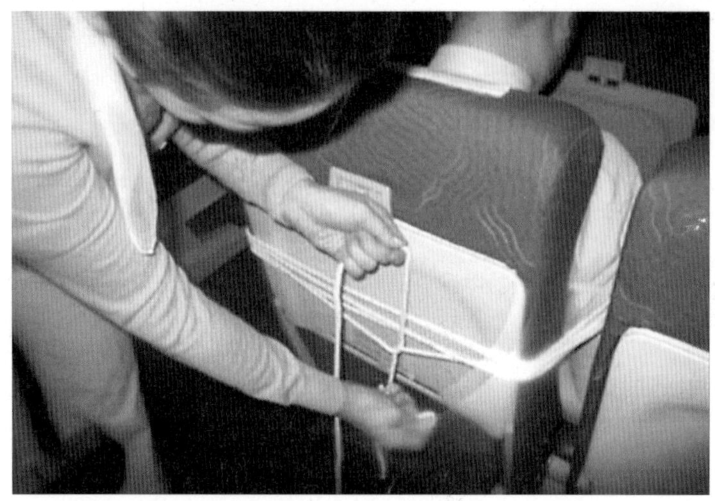

▲포승줄

비상벨

비상벨은 항공기 공중납치나 테러 발생 시 운항승무원에게 인터폰 사용없이 객실의 위험상황을 알릴 수 있는 장치이다.

Quiz

01 승객의 안전을 위해 실시하는 시연으로써, 비디오장치나 승무원 시연을 통해 반드시 실시해야 하는 것은 무엇인가?

02 비행 중에 항공기의 결함(여압장치의 고장)이나 기체 손상으로 인해 객실 내의 압력이 새어 나가 기압이 낮아지면서 산소가 희박해지는 현상을 무엇이라고 하는가?

03 갤리와 조종실에 장착되어 있는 것으로서, 전류의 과부하 시 검은색 버튼이 튀어나와 전원공급을 차단시키는 역할을 하는 것은?

04 기내 화재방지를 위해 화장실 내, 승무원 Bunk(휴게장소)에 위치하는 연기 감지용 장치를 무엇이라고 하는가?

05 조종실문과 조종실문 바로 앞에 있는 Galley 및 화장실을 포함한 객실지역 사이의 공간을 무엇이라고 하는가?

Memo

7

운항 전문용어

비행원리

양력 : LIFT

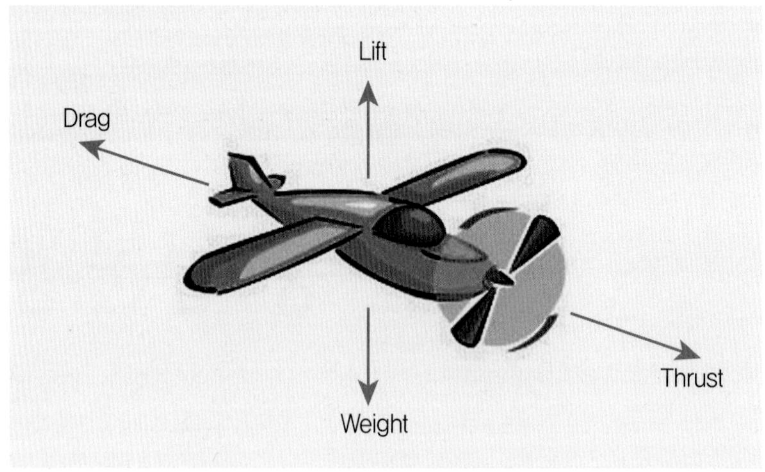

▲ 양력 (LIFT)

날개 주변의 공기흐름으로 인해 발생되는 공기역학적인 힘으로 날개 위쪽 방향으로 작용하며 비행기가 공중으로 뜰 수 있게 하는 힘이다.

항공기 속력이 커지면 항공기 날개는 더 많은 양력이 생성되고 비행기의 무게보다 더 큰 양력이 생성되면 이륙이 가능하게 된다.

베르누이의 정의 : Bernoulli's theorem

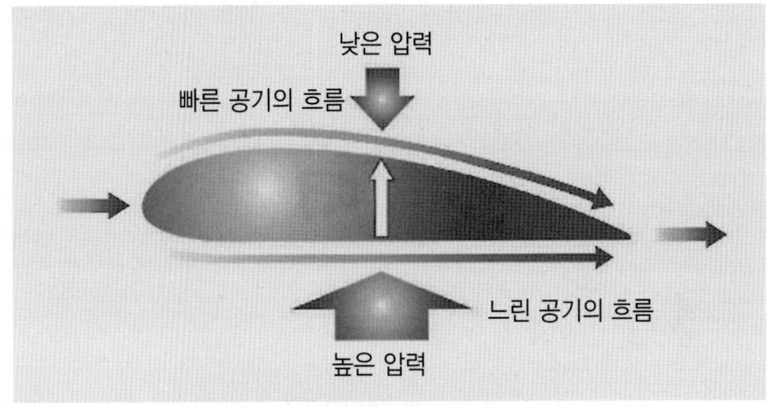

▲ 베르누이의 정의 (Bernoulli's theorem)

17세기 스위스 과학자 베르누이는 유체(기체, 액체)가 빠르게 흐르면 압력이 감소하고, 느리게 흐르면 압력이 증가한다는 것을 증명하였으며, 이 법칙을 본인의 이름을 따서 '베르누이의 정의'라 하였다. 베르누이의 정의는 현대과학에서 많은 분야에서 응용되었으며 항공기의 양력을 위해 날개를 설계하는 가장 기본적인 공식이 되었다.

THRUST : 추력

항공기 엔진에서 만들어지는 비행기를 앞으로 밀어내는 힘이다.

THRUST REVERSE : 역추력

항공기의 추력을 항공기 진행 반대 방향으로 발생시켜 착륙 시 착륙거리를 단축시키는 목적으로 사용되는 시스템이다. 착륙 후 엔진 소음이 갑자기 커지는 이유가 역추력을 사용하고 있는 것이다.

▲ THRUST REVERSE (역추력)

객실 여압 : CABIN PRESSURIZATION

항공기의 순항고도(Cruse Altitude)는 약 35,000피트에서 41,000피트이며, 그 곳의 외부온도는 약 영하40도, 기압은 지상의 1/3정도라서 인간의 정상적인 생존이 불가능

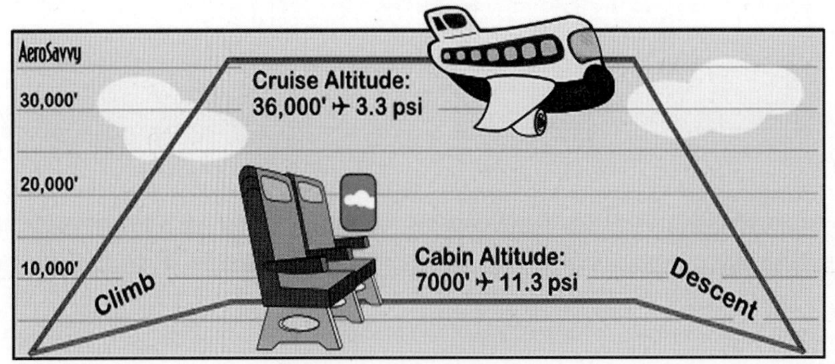

▲ 객실 여압 (CABIN PRESSURIZATION)

하다. 그래서 항공기 기내는 엔진에서 나오는 압축공기를 이용하여 기내압력을 높여주고 온도를 조절하여 사람에게 적당한 기내환경을 유지한다. 하지만 기체구조상 기내압력을 지상과 똑같이 유지하지는 못하고 6,000피트(약1,800m)정도의 기내압력을 유지한다. 이처럼 항공기내의 압력을 지상에 근접하게 올리는 것을 객실 여압이라 하며 만약 기내의 여압이 어떠한 이유로 유지되지 않으면 저산소증(Hypoxia), 고산증(Altitude Sickness), 감압증(Decompresion sickness)과 같은 증상을 겪을 수 있다.

항공 기상

적란운 : Cumulonimbus, CB

적란운이란 이름은 수직으로 발달되는 적운(Cumulus)과 비구름의 뜻인 NIMBUS가 합쳐진 것으로 구름의 모양은 적운과 비슷하지만, 수직으로 발달된 구름이 산이나 탑 모양을 이룬다. 주로 여름철 우리나라에서 볼 수 있는 소

▲ 적란운 (Cumulonimbus, CB)

나기 구름이 이에 속한다. 적란운 안은 물방울과 우박과 같은 얼음 알갱이가 있으며 심한 난기류가 있어서 항공기 운항 시에는 피해야하는 구름이다. 조종사는 이러한 구름을 눈으로 보고 피하거나 항공기에 탑재되어 있는 기상 레이더를 사용하여 적란운의 위치를 파악하고 회피하며 비행을 한다.

비행운 : Condensation Trail

항공기가 한랭하고 습한 하늘을 날 때 그 뒤에 가끔 긴 줄 모양으로 생기는 구름을 말한다. 비행운은 겨울에 잘

▲ 비행운 (Condensation Trail)

나타나며, 주로 항공기의 엔진에서 배출된 수증기를 포함한 연소 가스가 냉각되어 생긴다. 보통은 곧 없어지나 1시간 이상 계속 보일 때도 있으며, 높은 고도일수록 오래 남는다.

난기류 : TURBULANCE

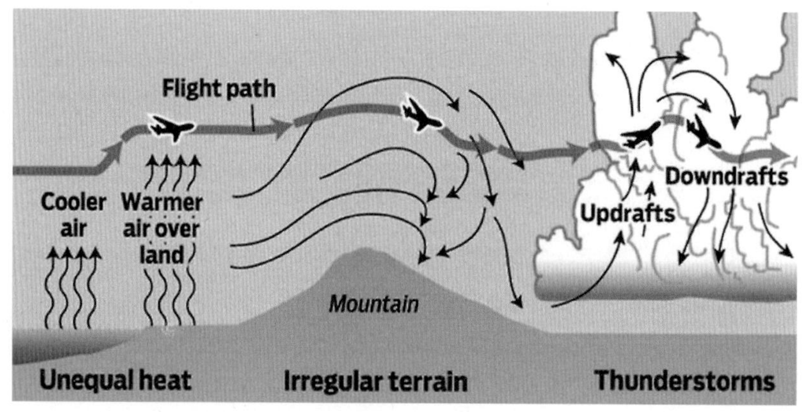

▲ 난기류 (TURBULANCE)

기체나 유체의 흐름 중에서 균일하고 매끈한 흐름을 정상류라하고 그 정상류에 속하지 않은 모든 흐름을 난기류라 볼 수 있다. 물론 난기류의 크기와 종류는 다양하다. 하지만 항공업무에서는 비행 중인 항공기에 불규칙적인 동요를 줄 수 있을 정도의 강도가 큰 흐트러진 공기의 움직임을 난기류라고 부른다. 이렇게 항공기의 운항에 큰 악

영향을 미치는 난기류에는 윈드시어, 저고도 윈드시어(Low Level Wind Shear : LLWS), Wake Turbulence, 산악파 등이 있으며 강도에 따라 LGT, MOD, SEV 등으로 분류할 수 있다.

강도	가속도(g)	체감정도		
		비행체	사람	물건
Light	0.1–0.3	약간의 동요	불편하며 안전벨트 착용요함	움직임 없음
Moderate	0.4–0.8	상당한 동요 조종력 상실은 없음	걷기가 힘듬	움직임 없음
Severe	0.9–1.2	상당한 동요 고도변화 순간적 조종 능력 상실	심한 충격 걷기가 거의 불가능함	심하게 흔들림

제트기류 : JET STREAM

약 30,000ft(약10km)부근의 50kt 이상의 폭이 좁은 매우 빠른 공기의 흐름이므로 제트기류의 발생 원인에는 지구의 자전, 대기의 압력 등 여러 가지가 요소가 있지만, 온도에 의한 영향이 가장 크다고 볼 수 있다. 서에서 동으로 흐르는 이 제트기류를 이용하면 동으로 비행하는 항

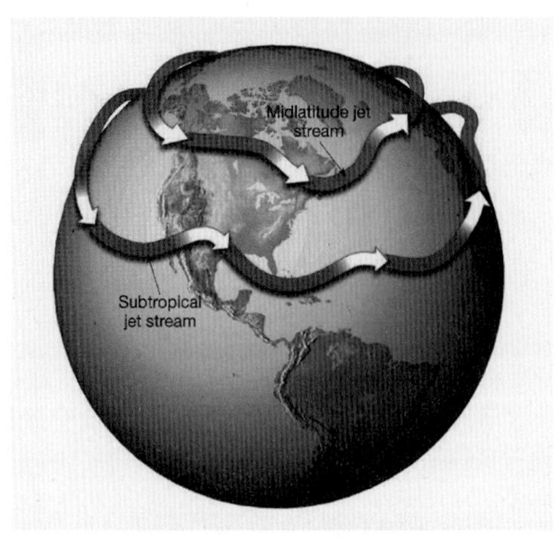

▲ 제트기류 (JET STREAM)

공기의 비행시간을 단축되지만 반대의 경우 비행시간이 증가되기 때문에 이를 피해서 다른 항로를 사용한다. 인천 – LA의 경우 비행시간이 약 2시간30분의 비행시간 차이가 생긴다.

청정난기류 : CAT, Clear Air Turb

맑은 하늘에서 갑자기 발생하는 윈드시어 또는 터뷸런

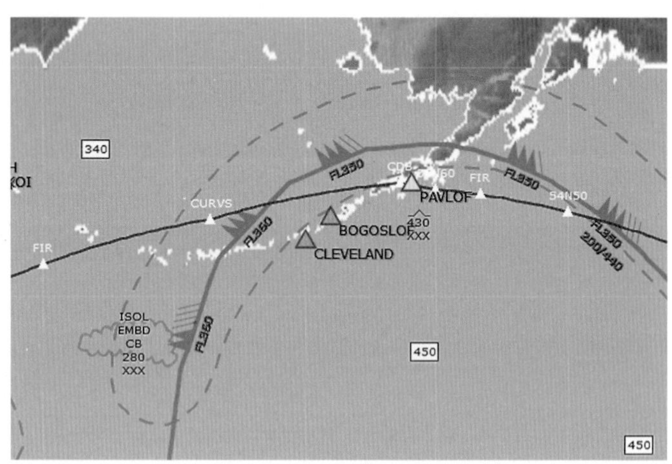

▲ 청정난기류 (CAT, Clear Air Turb)

스를 일컫는다. CAT은 겨울철에 출현빈도가 높아지며 약 75 % 이상이 제트기류 부근에서 발생된다고 하지만 사실상 예보가 어렵기 때문에 더욱 위험하다고 볼 수 있다. 그래서 승객들이 좌석에 앉아있는 경우라도 좌석벨트를 착용하는 것이 중요하다.

윈드시어 : WIND SHEAR

윈드시어란 갑작스럽게 바람의 방향이나 세기가 바뀌는 현상을 말하며 항공기 운항에 있어서 터뷸런스 혹은 갑작스런 속도의 변화를 일으키는 등 좋지 않은 영향을 가져온다. 특히 저고도 윈드시어(Low Level Wind shear)란 2,000ft이하의 고도, 즉 항공기 이륙, 착륙시 발생하는 윈드시어로 특히 위험하다. 최신 항공기에는 이런 저고도

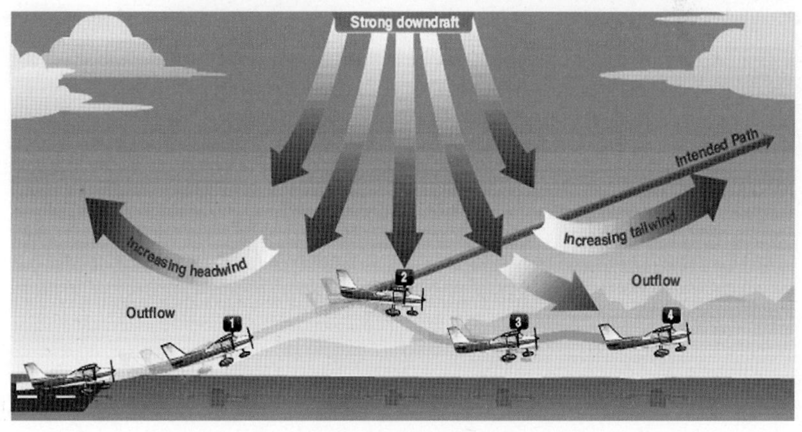

▲ 윈드시어 (WIND SHEAR)

윈드시어를 감지할 수 있는 기상레이더가 있어서 사전 회피가 가능해졌다.

항공운항 업무

Joint Briefing : 합동브리핑

객실승무원과 운항승무원(조종사)이 함께 진행하는 합동브리핑을 일컫는다.

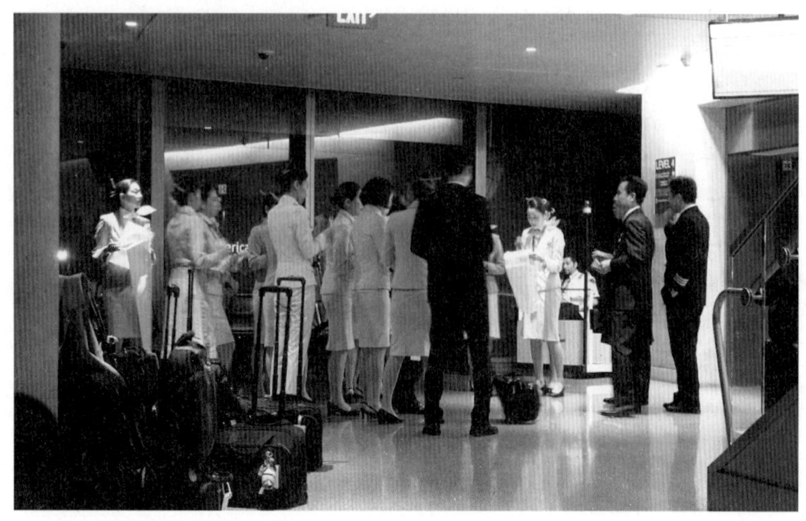

▲ Ship side Joint Briefing

▲ Joint Briefing Room

보통 객실브리핑 후 브리핑 룸에서 실시되며, 상황에 따라 항공기 내 혹은 게이트 앞에서 진행되기도 한다.

운항브리핑 내용

- 해당 편 비행정보 : 편명, 비행시간, 항공기 타입 및 특징
- 날씨 : 출발지와 목적지 공항의 날씨, 예상되는 난기류 시간 및 강도
- 보안 : 보안레벨, 조종실 출입절차
- 비행안전 취약단계 절차 안내
- 비상상황 절차
- Fasten Seatbelt Sign 운영절차
- 승무원 협조사항 : 기내온도 조절, 기장방송 모니터링, 비행일지 작성 등

항공법

국제민간항공조약(1944년 시카고조약)의 규정과 동조약의 부속서로서 채택된 표준과 방식에 따라 항공기 항행의 안전을 도모하기 위한 방법을 정하고, 항공시설, 설치, 관리의 효율화를 기하며 항공운송사업의 질서를 확립함으로써 항공의 발전과 공공복리의 증진에 이바지함을 목적으로 한 법률이다(1991.12.14 법률 제4435호). 항공기의 등록, 항공기의 안정성의 증명, 항공종사자의 면허, 시험의 방법, 항공로, 비행장 및 항공보안시설, 항공기의 운항, 항공운송사업, 항공운송이용사업, 외국항공기의 취급, 항공사고조사 등에 관하여 기준 및 단속규정 등이 있으며, 벌칙도 규정되어 있다.

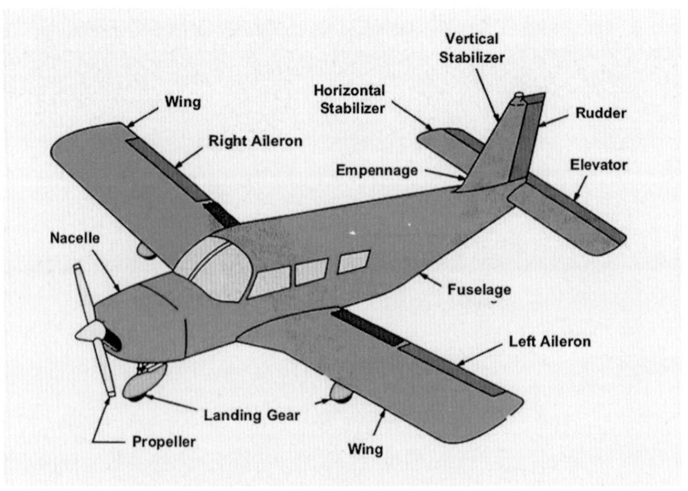

▲ AIRCRAFT(항공기)

AIRCRAFT(항공기) / AIRPLANE(비행기)

항공기(AIRCRAFT)라 함은 비행기(AIRPLANE), 비행선(AIRSHIP), 활공기(GLIDER), 회전익 항공기(ROTOR CRAFT), 기타 대통령령으로 정하는 것으로써 항공에 사용할 수 있는 기기를 말한다.(항공법) 그 중 비행기(AIRPLANE)란 추진장치를 갖추고 고정날개에 생기는 양력(LIFT)을 이용해 비행하는 항공기를 말하며 민항에서 사용되는 대부분의 항공기이다.

항공기 등록부호 (AIRCRAFT REGISTRATION CODE)

대한민국에 등록하는 항공기에 부여되며 국적기호(HL)

▲ 등록부호가 보이는 항공기 윗면

와 4개의 아라비아 숫자로 이루어져 있다(ex HL7760). 비행기(AIRPLANE)의 경우 주 날개, 꼬리날개 그리고 동체의 양쪽 면에 표시하여야 한다. 참고로 국적기호 HL은 대한민국, N은 미국, JL은 일본을 의미한다.

감항증명서 : Certificate of Airworthness

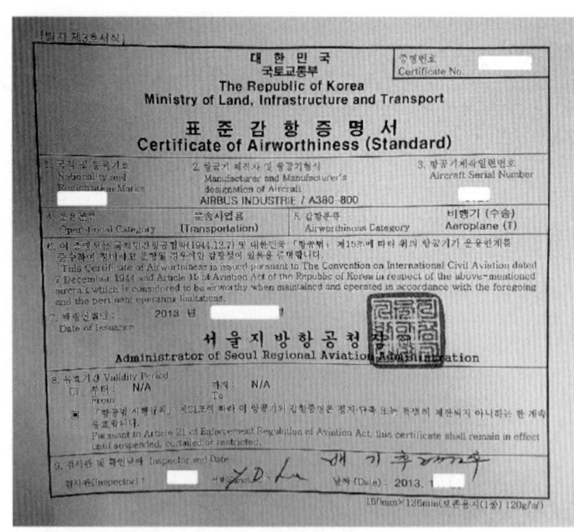

대 한 민 국
국토교통부
The Republic of Korea
Ministry of Land, Infrastructure and Transport

증명번호 Certificate No.

표 준 감 항 증 명 서
Certificate of Airworthiness (Standard)

1. 국적 및 등록기호 Nationality and Registration Marks
2. 항공기 제작자 및 항공기형식 Manufacturer and Manufacturer's designation of Aircraft: AIRBUS INDUSTRIE / A380-800
3. 항공기제작일련번호 Aircraft Serial Number
4. 운용분류 Operational Category: 운송사업용 (Transportation)
5. 감항분류 Airworthiness Category: 비행기 (수송) Aeroplane (T)
6. This Certificate of Airworthiness is issued pursuant to The Convention on International Civil Aviation dated 7 December 1944 and Article 15 of Aviation Act of the Republic of Korea in respect of the above-mentioned aircraft which is considered to be airworthy when maintained and operated in accordance with the foregoing and the pertinent operating limitations.
7. 발행연월일 Date of Issuance: 2013 년

서 울 지 방 항 공 청 장
Administrator of Seoul Regional Aviation Administration

8. 유효기간 Validity Period
□ 부터: N/A From 까지: N/A To
▣ Pursuant to Article 21 of Enforcement Regulation of Aviation Act, this certificate shall remain in effect until suspended, curtailed or restricted.
9. 검사원 및 확인날짜 Inspector and Date
검사원(Inspector): 서명(Signature) 날짜(Date): 2013.

▲ 감항증명서

항공기의 안정성을 증명할 때 교부되는 증명서로서, 항공법에 의거 항공기의 구조, 강도, 성능을 심사하여 합격하였을 때 항공기의 용도, 속도, 중량, 고도 등 운용한계를 지정해서 감항증명서가 교부된다.

MEL : Minimum Equipment List, 최소장비목록

항공기의 주요장비는 이중 또는 삼중으로 장치되어 있어 어느 한 부분이 고장이 난 상태에서 일정한 운항상황까지는 감항성이 유지될 수 있도록 설계되어 있다. 즉

MEL은 특정장비가 작동하지 않더라도 일정기간 동안 비행을 지속시킬 수 있도록 허용하기 위한 기준으로 항공기의 안전성을 유지시키면서 또한 운영효율을 높이기 위한 것이다.

CDL : Configuration Deviation List, 외형변경목록

정시성을 지키기 위해 항공기의 외부를 구성하는 부품 중 훼손 또는 변경상태로 운항할 수 있도록 설정된 규정이다. 이러한 훼손된 상태로 항공기를 운항할 경우 항공정비사는 승무원이 알아보기 쉽게 적당한 장소에 변경상태와 제한사항을 게시하고 비행일지에 그 내용을 기입하여 기장에게 통보해야 한다.

PIC : PILOT IN COMMAND

항공기 운항과 비행안전을 최종적으로 책임지는 기장(CAPTAIN)을 말한다. 두 명 이상의 기장이 탑승하는 경우는 비행 전 미리 한 명의 기장이 PIC로 지정된다.

F/O : FIRST OFFICER

부기장을 의미한다.

항공종사자 : AIRMAN

▲ 항공 종사자 자격시험을 위한 시험자료

일반적으로 항공업무에 종사하며 항공법 제25조에 따라 항공종사자 자격증명을 받은 사람을 의미한다.(무인항공기의 운항은 제외된다)

운항관리사 : DISPATCHER

항공기 운항에 필요한 비행계획서, 연료의 산출 및 운항의 통제 및 감시를 담당하는 사람을 말한다.

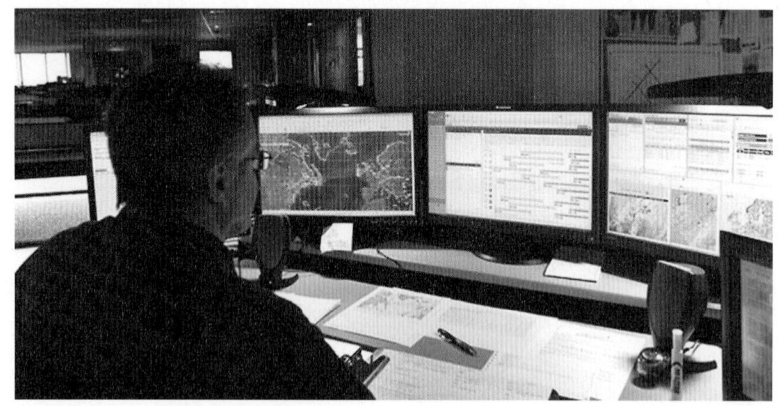
▲ 운항관리사

유도로 : TAXIWAY

공항에서 항공기의 지상이동을 위한 통로이다. 활주로와 램프지역 또는 다른 활주로를 연결하며 대개 항공기의 자력으로 TAXIWAY를 이동한다. 각국의 〈항공 차트에 표시된 인천공항의 taxiway, runway, apron〉

주요공항들이 크고 복잡해지면서 TAXYWAY도 복잡해지고 있으며 이에 따라 항공기 지상충돌이나 TAXIWAY 오진입도 빈번해진다. 항공기가 지상이동 중에는 SEAT

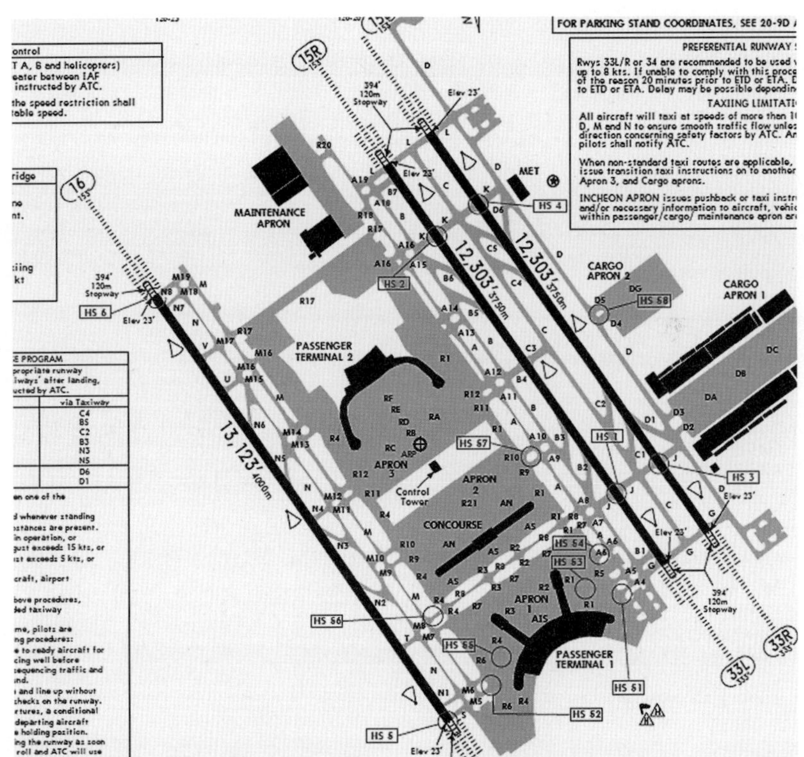

BELT SIGN이 항상 ON되어 있으며 승객들의 좌석이동은 금지된다.

활주로 : RUNWAY

활주로란 간단히 비행기가 이륙을 위해 가속을 하거나 착륙 후 감속을 위한 노면이라 정의할 수 있다. 대부분의 큰 공항에는 두개 이상의 활주로를 가지고 있으며 인천공항은 2017년 현재 3개의 활주로가 있으며 앞으로 두 개의 활주로를 더 건설할 예정에 있다. 활주로는 방향에 따라서 활주로 이름이 정해지며 하나의 활주로는 양방향으로 사용할 수 있어 방향에 따라 두 개의 이름을 가지게 된다. 그리고 양방향의 활주로가 있지만 그 시간의 바람방향에 따라 한 방향의 활주로를 사용한다.

계류장 : RAMP, APRON

공항 터미널 또는 격납고 앞의 포장된 지역을 계류장이라 하며 이곳에서 승객의 승하기, 화물의 적하, 급유, 기내물품의 탑재 등 항공기 지상조업이 이루어 진다. 또한 항공기가 BRIDGE가 아니고 REMOTE에 주기 되어 있는 경우 터미널과 항공기를 운행하는 버스를 램프버스라 부른다.

공역 : AIRSPACE

항공기의 비행에 적합하도록, 그리고 항공관제업무에 의한 안전조치가 이루어지도록 공중에 설정되는 구역이다. 각 나라별로 공역을 관리하고 있으며 출발지에서 목적지까지 비행하는 동한 여러 개의 공역들을 지나가게 된다.

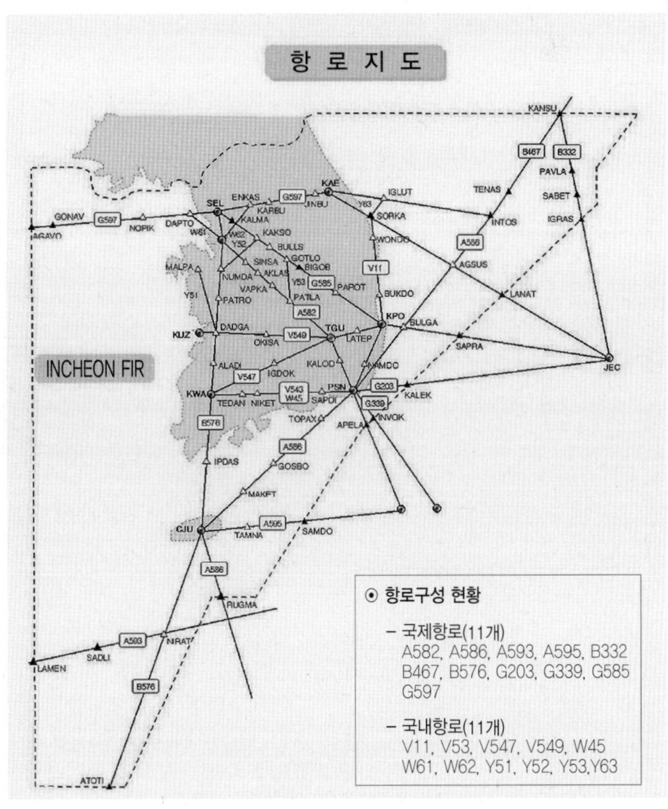

▲ 항공로 (Airway)

항공로 : Airway

항공로라 함은 건설 교통부장관이 항공기의 항행에 적합하다고 지정한 지구 표면상에 표시된 공간의 통로를 말한다.(항공법) 항공로는 우리 눈에는 보이지 않는 하늘상의 길이지만 항공기는 탑재된 항법장비를 이용하여 항공로를 따라 비행할 수 있다. 예전에는 지상시설을 기준으로 항공로를 구성하였으나 최근에는 위성을 이용한 위성항로가 주를 이루며 많이 사용되고 있다.

북극항로 : POLAR ROUTE

인천에서 미주로 비행하는 항로에는 서에서 동으로 흐

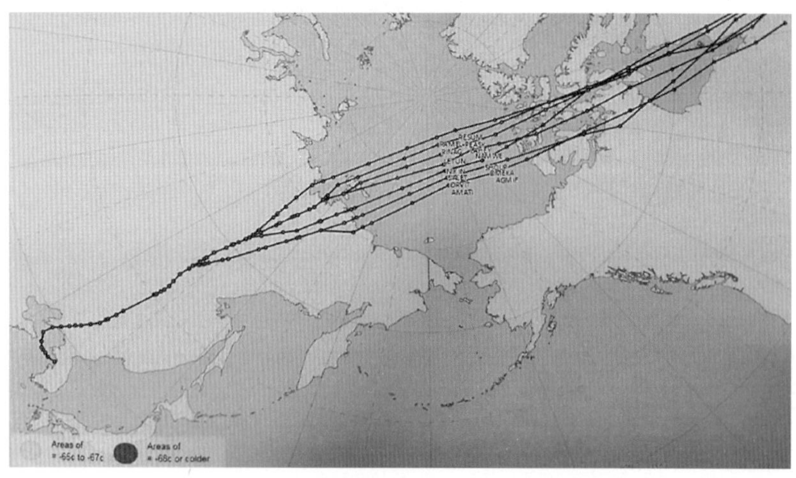

▲ 북미 지역에서 한국으로 in-bound시 사용되는 북극항로

르는 제트기류가 존재하기 때문에 동쪽으로 비행하는 비행시간은 적게 걸리고 서쪽으로 가는 비행은 맞바람 때문에 오랜 시간이 걸린다. 그래서 효율적인 항공기 운항을 위해 북위 78도 이상의 North Polar Region을 비행(POLAR OPERATION)하며 이러한 북위 78도 이상의 지역에 설정되어 있는 항로를 특히 북극항로라 한다.

VHF음성통신

조종사와 관제사는 초단파대(VHF)의 전파를 이용하여 음성통신을 유지하고 있으며 이는 항공무선통신의 매우

▲ 공항의 타워(control tower)에서 VHF음성통신를 사용하여 교신하는 관제사

중요한 수단이다. VHF대의 전파전달 거리는 비행기위치와 고도에 따라 정해지지만 약 400km이다.

SATCOM : 위성통신장치 (satellite communication)

인공위성을 이용하여 항공기와 지상 간에 음성 및 DATA 송신을 수행하는 원거리 통신장치이다. SATCOM은 지역에 제한 없이 사용될 수 있는 장점이 있다.

ACARS

항공기 운항 중 항공기와 지상(항공사)과의 DATA통신을

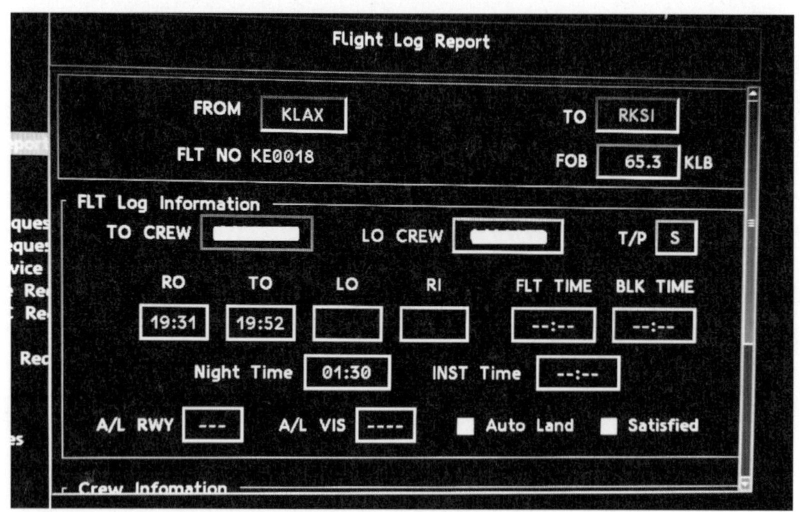

▲ 비행 중 지상(항공사)에 서비스를 요청할 수 있는 ACARS

위한 장비로써 조종석에 탑재되어 있다. 운항에 필요한 정보를 항공사와 항공기간에 문자처럼 주고받을 수 있으며 비행 중 거의 모든 지역에서 사용가능한 장점이 있다.

FDR : Flight Data Recorder

항공기의 중대사고 또는 추락 시 원인규명을 위하여 비행 중 마지막 35시간 동안의 각종 비행정보를 기록 저장하는 장비로써 색상은 주황색이며 주로 항공기 후미에 장착되어 있다.

▲ FDR의 실제모습

CVR : Cockpit Voice Recorder

조종실내에서의 승무원간의 대화내용, 통신내용 등 모든

음성을 일정시간 단위로 녹음시키는 장비이다. 이렇게 녹음된 내용은 사고 조사 시 자료로 사용될 수 있다. CVR은 FDR과 함께 항공기 블랙박스(Black box)로 잘 알려져 있다.

▲ FDR과 CVR의 설치 위치

정밀 계기 접근 : CAT II/III

공항에 안개가 끼거나 기상악화로 활주로가 보이지 않을 경우 조종사의 시각에 의존한 수동착륙은 불가능하다. 이러한 기상조건에서도 착륙이 가능하도록 항공기의 자동착륙장치와 공항의 착륙유도시설을 이용하여 항공기 컴퓨터가 안전한 자동착륙을 실시하는 것을 말한다.

ILS : 계기착륙시설

비행장으로 진입하는 항공기에게 전파를 이용하여 정밀한 하강경로정보를 제공하여 항공기를 안전하게 활주로로 유도하여 주는 지상장비이다. 참고로 대부분의 활공각은 3도강하이다.

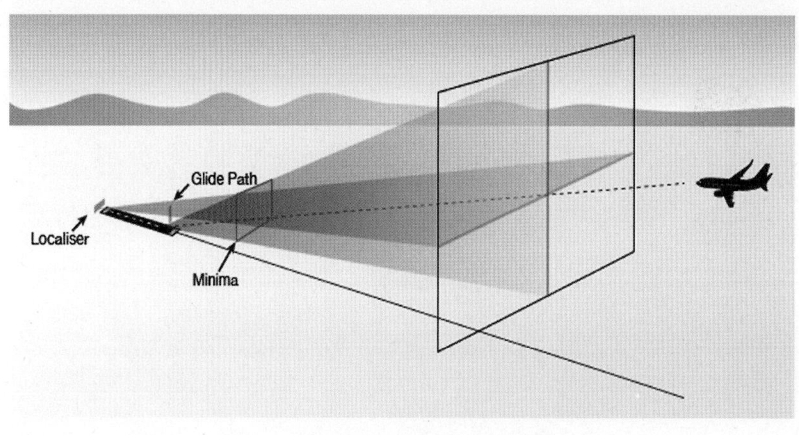

▲ ILS (계기착륙시설)

디아이싱 : DE-ICING

비행기의 안전한 운행을 위해 기체에 쌓인 눈과 얼음을 제거하는 작업을 말한다. 대표적인 DE-ICING방법으로는 기체에 유색의 DE-ICING용액을 고루 뿌려 눈과 얼음을 제거한 후 ANTI-ICING용액을 뿌려 비행 중 얼음이 다시 얼지 않게 하는 것이 있다. 이때 사용되는 DE-ICING용액은 환경오염을 유발하므로 주의하여 사용해야 하고 보통 지정된 디아이싱 패드(De-Icing pad)에서 작업이 이루어지며 소요시간은 대략 20분 이내이다. 하지만 DE-ICING하는 항공기가 많은 경우 상당한 시간의 지연이 발생하기도 한다.

▲ 출발 전 디 아이싱 중인 항공기

ETOPS운항

두개의 엔진을 장착한 항공기는 하나의 엔진이 고장으로 작동하지 않을 경우를 대비하여 항로상 착륙가능한 공항으로부터 일정 거리를 초과하는 지역을 비행할 수 없었다. 그래서 최단거리를 비행하지 못하고 항로상 착륙가능한 공항 주변으로만 비행하니 비행시간과 연료가 증가하였다. 하지만 최근 항공사들은 항공기 엔진기술의 발달로 거의 모든 지역을 최단거리로 비행할 수 있는 자격을 건설교통부로부터 승인 받아 운영 중이며 이를 ETOPS운항(Extended range Twin-engines Operational Performance Standard) 이라 하며 EDTO(Extended Diversion Time Operation)라는 명칭을 쓰기도 한다.

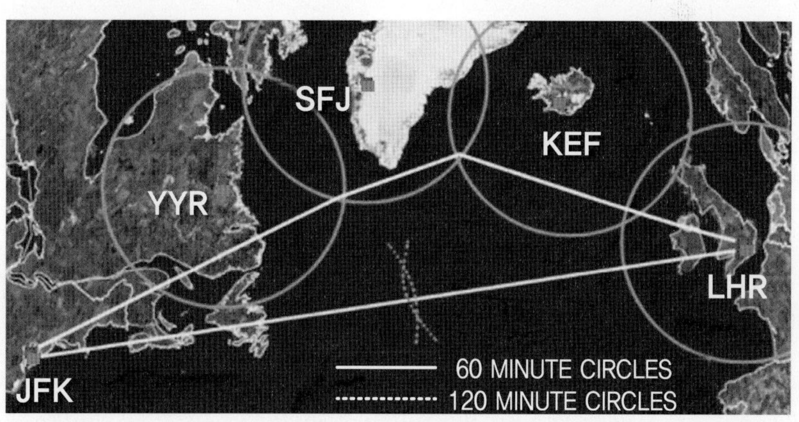

▲ ETOPS운항

3 PILOT

비행시간이 대략 8시간~12시간인 비행은 3명의 조종사가 업무에 투입되며 그러한 편조를 3 PILOT이라 부른다. 이때 3명의 조종사가 동시에 근무하는 것은 아니며 3명의 조종사가 교대로 비행을 한다.

2 SET CREW

대체적으로 비행시간이 12시간이 넘는 비행구간은 기장과 부기장이 2명씩 근무하며 이러한 운항승무원 편조를 2 SET 또는 2 SET CREW라 부른다.

RAMP OUT / RAMP IN

RAMP OUT이란 항공기가 출발 GATE로부터 PUSH-BACK하는 시간을 말하며 RAMP IN은 도착항공기가 착륙하여 도착 GATE에 정지한 후 탑승DOOR를 OPEN할 때의 시간을 의미한다.

GO AROUND : 복행

안전상의 문제 혹은 관제사의 지시 등으로 인해 활주로에 접근하던 항공기가 착륙을 포기하고 상승하는 조작을 의미한다.

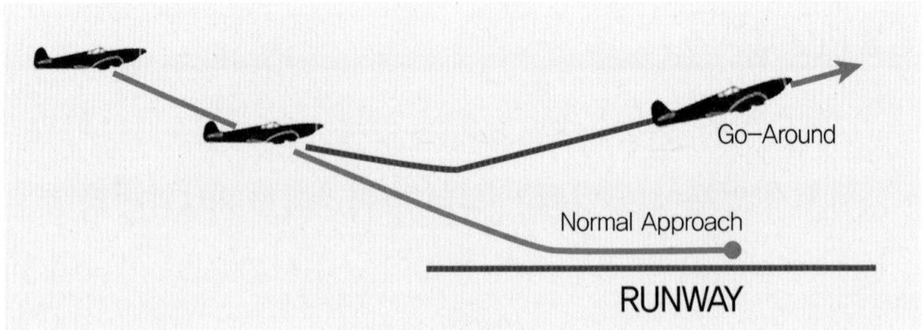

▲ 복행 중인 항공기

Quiz

01 비행기의 안전한 운행을 위해 기체에 쌓인 눈과 얼음을 제거하는 작업을 무엇이라고 하는가?

02 항공기의 중대사고 또는 추락 시 원인규명을 위하여 비행 중 마지막 35시간 동안의 각종 비행정보를 기록 저장하는 장비를 무엇이라고 하는가?

03 간단히 비행기가 이륙을 위해 가속을 하거나 착륙 후 감속을 위한 노면을 무엇이라고 하는가?

04 항공업무에서는 비행 중인 항공기에 불규칙적인 동요를 줄 수 있을 정도의 강도가 큰 흐트러진 공기의 움직임을 무엇이라고 하는가?

05 항공기 운항과 비행안전을 최종적으로 책임지는 기장을 무엇이라고 하는가?

Memo

7

운송실무 전문용어

항공사

국적에 의한 구분

국적기 : National Flag Carriers

소속되어 있는 국가의 국기를 달고 운항하는 항공기를 의미한다.

외항기 : Foreign Carriers

외국국적의 항공사를 의미한다.

운송횟수에 의한 구분

정기편 : Scheduled

특정한 요일, 날짜, 시간을 고정하여 정기적으로 운항하는 것을 의미한다.

부정기편 : Non-Scheduled

정기편을 지원하고 남은 항공기를 활용하여 추가로 운

항하는 항공편을 의미한다.

즉, 항공사에서 요일, 날짜, 시간, 노선을 정하지 않고 항공수요의 발생 시에만 비정기적으로 운항한다.

운송대상에 의한 구분

여객운송 : Passenger

여객의 수송을 목적으로 한다.

우편물 및 화물운송 : Cargo

우편물 및 화물운송을 목적으로 한다. 항공사는 대부분

▲ 화물 적재 중인 화물기(Cargo)

여객영업과 화물영업을 함께 하지만, 화물영업만을 전문으로 하는 경우를 말한다.

운송지역에 의한 구분

국내선 : Domestic

한 나라 안에서만 운송하는 것을 말하며, 외국 국적의 항공기는 원칙적으로 국내선 영업을 할 수 없다.

국제선 : International

다른 나라와 이어지는 노선에 취항하는 것을 말한다.

지역 : Local

일정한 지역 내에서만 운송을 담당하는 항공기이다.

서비스 제공에 따른 구분

기존 항공사 : FSC(Full Service Carriers)

기존의 대형항공사를 말하며 항공좌석, 수하물운송, 기내서비스 등의 고급 서비스를 제공한다.

저비용 항공사 : LCC(Low Cost Carriers)

영업과 운송방식의 단순화, 서비스의 최소화, 조직의 다기능화 등을 통하여 운영 비용을 줄여 이용객들에게 저렴한 항공권을 제공하는 항공사를 말한다.

기존 항공사와 저가 항공사의 특징 비교

구분	기존 항공사(FSC)	저가 항공사(LCC)
서비스	• 다양한 기내의 부가서비스 • 좌석클래스의 다양화 • 고품격 서비스	• 기내 부가서비스 생략 • 단일화된 좌석클래스
운항	• 대형 여객기 중심의 운항 • 국내외 허브공항 중심의 취항 • 다양한 네트워크 및 제휴노선망의 활용	• 단일 기종의 항공기 운항 • 소형 지역공항 중심의 취항 • 지점 간 노선의 운항(point to point)
수익성	• 브랜드 제고를 통한 수익확대 • 차별적 운임전략을 통한 수입관리 • 부대사업 등을 통한 수입의 다변화	• 항공기의 가동률 극대화 • 인터넷판매에 의한 유통비용 급감 • 중, 단거리 틈새시장의 수요창출
조직	• 전통적 조직운영 • 교육, 훈련의 다양화 • 다양한 제휴의 활용	• 조직의 단순화, 슬림화 • 제휴의 배제

최초의 저가항공사는 1971년에 출범한 미국의 사우스웨스트항공(Southwest Airlines)으로, 기종 단일화, 지상에서 항공기가 소요하는 시간 최소화, 기내식 미제공, 좌석 등급

제 폐지, 발권 업무 직접 실시 등을 통하여 비용을 줄이고 항공 운임을 낮춰 성공을 거두었다. 이후 유럽에서는 1991년 라이언에어(Ryanair), 아시아에서는 2001년 에어아시아(AirAsia)가 설립되는 등 세계 각 지역에서 저가항공사가 등장하였다. 한국에서도 2005년 8월 한성항공(현 티웨이항공)이 저가항공사로 처음 취항하였다.

국제항공

Code Share : 공동운항, 편명 공유협정, CodeShare Agreement

특정 운항편에 대해 2개 또는 그 이상의 항공사가 고객들에게 다양한 스케줄을 제공할 목적으로 각자 고유의 항공사 편명을 부여하여 판매하는 제휴 형태를 의미한다. 이러한 제휴를 통해서 참여 항공사는 판매, 예약, 운송, 발권, 운송 등의 부문에서 자사의 항공사 편명을 사용함으로써 직접 운항하지 않더라도 자사편이 운영되는 효과를 기대할 수 있다.

Strategic Alliance

항공 산업의 자유경쟁 시장 환경에서의 생존을 위해 여러 항공사가 모여 전략적으로 하나의 동맹체를 구성하는

▲ 스카이팀

▲ 스타얼라이언스

▲ 원월드

것을 말한다. 이 동맹을 통해 항공사의 국제적 경쟁력을 확보하고, 이윤을 극대화하는 것을 목적으로 한다. 항공사들은 몇몇 제휴 항공사들이 운영하는 노선에서 적정량의 노선을 확보하고 교환하고 있으며, 또한 제휴된 다른 항공사에 탑승하는 항공권 구입 승객의 편의를 위해 타사 항공편에서 자사 승무원이 일 할수 있도록 교육하여 파견할 수 있도록 되어 있다. 현재 활발하게 운영되고 있는 글로벌 동맹체인 스타 얼라이언스(Star Alliance), 스카이팀(Sky Team), 원 월드(One World)가 있다.

각 동맹체 비교

	스타 얼라이언스 (Star Alliance)	스카이팀 (Sky Team)	원 월드 (One World)
설립 연도	1997년	2000년	1998년
총 회원사	27개	20개	17개
본부	독일 프랑크프루트	네덜란드 암스테르담	미국 뉴욕
소속 항공사	• 아시아나항공 • 루프트한자 • 에어캐나다 • 유나이티드 항공 • 타이항공 • 싱가포르 항공 • 에바항공 등	• 대한항공 • 에어프랑스 • 아에로멕시코 • 중국남방항공 • 베트남항공 • 체코항공 • 알리탈리아 항공 등	• 영국항공 • 아메리칸 항공 • 콴타스 항공 • 캐세이퍼시픽 항공 • 핀에어 • 스리랑카 항공 • 말레이시아 항공 등

조인트 벤처 : JV, Joint Venture

항공사간의 파트너십 단계(표 참조)중에서 다른 항공사의 지분에 참여하지 않는 선에서 이루어지는 최고 수준의 협력을 의미한다. 조인트벤처를 설립하면 각 항공사는 특정 노선에서 하나의 기업처럼 통합법인이 공동으로 영업하여, 비행 스케줄과 항공권의 가격 등을 조정한다. 승객 입장에서는 JV를 맺은 항공사들의 노선을 똑같이 이용할 수 있기 때문에 선택권이 늘어나며, 사전 좌석 지정이나 자동 발권, 마일리지 업그레이드 등 서비스 혜택도 동일하게 받을 수 있다.

1단계	공동운항 (CODE SHARE)	특정 운항편에 대해 2개 이상의 항공사가 각자 고유의 항공사 편명을 부여하여 판매하는 제휴형태
2단계	항공동맹 (Strategic Alliance)	여러 항공사의 전략적 동맹체 구성
3단계	수용력 구매계약	한 항공사가 다른 항공사 특정 노선의 좌석을 도매로 구매
4단계	조인트 벤처 (JOINT VENTURE)	특정 노선에서 마치 하나의 기업처럼 통합법인이 공동으로 영업
5단계	지분참여	한 항공사가 다른 항공사 소수 지분을 매입
6단계	흡수합병	항공사에 절대적 영향을 미칠 수 있는 지분 매입

상용고객 우대 제도 : FFP, Frequent Flyer Mileage Program

승객의 탑승 실적에 비례하여 마일리지를 제공하고, 그 적립된 마일리지로 보너스항공권, 좌석승급 보너스, 제휴 숙박업소 혜택 등 다양한 혜택을 제공한다. 마일리지 제도를 통하여, 회원은 여유 좌석으로 보너스 혜택을 받고, 항공사는 고정 고객을 확보하여 회원과 항공사가 함께 이익을 얻게 된다.

최초의 마일리지 제도는 1981년 American Airlines(AA)의 AAdvantage가 최초이다.

항공사	프로그램명
대한항공(KE)	스카이 패스(Sky Pass)
아시아나항공(OZ)	아시아나 클럽(Asiana Bonus Club)
일본항공(JL)	JMB(JAL Miles Bank)
캐세이 퍼시픽항공(CX)	아시아 마일즈(Asia Miles)
노스웨스트/네덜란드항공(NW/KL)	월드퍽스(World Perks)
델타항공(DL)	스카이마일즈(Skymiles)
타이항공(TG)	로얄 오키드 플러스(Royal Orchid Plus)
중국남방항공(CZ)	스카이 펄 클럽(Sky Pearl Club)
말레이시아항공(MH)	인리치(Enrich)

항공사	프로그램명
유나이티드항공(UA)	마일리지 플러스(Mileage Plus)
전일본공수항공(NH)	아나 마일리지 클럽(ANA Mileage Club)
아메리칸항공(AA)	어드벤티지 프로그램(Advantage Program)
싱가포르항공(SQ)	크리스플라이어(KrisFlyer)/PPS Club
아랍 에미레이츠 항공(EK)	스카이워드(Skywards)
에어 캐나다(AC)	에어로플랜(Aeroplan)
콴타스항공(QF)	콴타스 프리컨 플라이어(Quantas Frequent Flyer)
에어 뉴질랜드(NZ)	에어포인트(Airpoint)
필리핀항공(PR)	마부하이 마일즈(Mabuhay Miles)
영국항공(BA)	이그제큐티브클럽(Executive Club)/ 프리미어(Premier)
에어 프랑스(AF)	플라잉 블루(Flying Blue)
에어 인디아(AI)	플라잉 리턴즈(Flying Returns)
스칸디나비아항공(SK)	유로 보너스(Euro Bonus)
터키항공(TK)	마일즈&스마일스(Miles&Smiles)

하늘의 자유 : Freedoms Of The Air

항공운송은 국제간의 항공협정에 따른 '하늘의 자유'라는 개념을 바탕으로 항공 운항권을 갖게 되었고, 이에 따

라 타국의 영공을 비행하는 자유가 보장된다.

오늘날 세계항공의 질서를 형성하는데 결정적인 계기를 마련해 준 시카고 회의(Chicago Convention)에서는 1944년 12월 7일, '하늘의 자유'에 대한 5개의 원칙에 합의하였다.

국제항공운송협정에 명시되어진 다섯가지 '하늘의 자유'는 다음과 같다.

- 제1의 자유 : 영공통과의 자유이다. 즉, 타국의 영공을 착륙하지 않고 횡단하여 비행할 수 있는 자유 (Fly-over right)

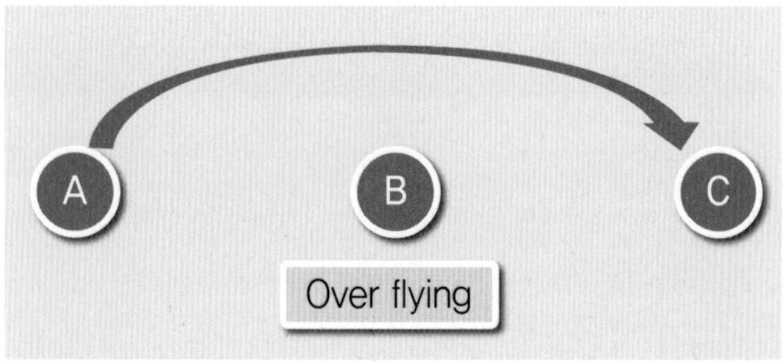

▲ 제1의 자유

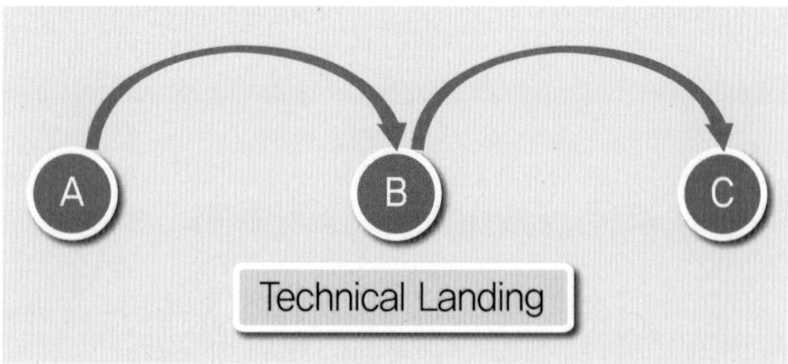

▲ 제2의 자유

- 제2의 자유 : 기술착륙의 자유이다. 즉, 운송 이외의 급유 또는 정비와 같은 기술적 목적을 위해 상대국에 착륙할 수 있는 자유 (Technical landing right)
- 제3의 자유 : 자국의 영역 내에서 실은 여객과 화물을 상대국으로 운송할 수 있는 자유(Set-down right)

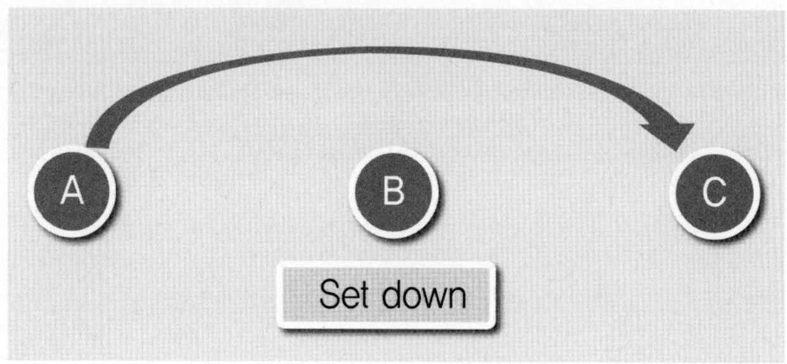

▲ 제3의 자유

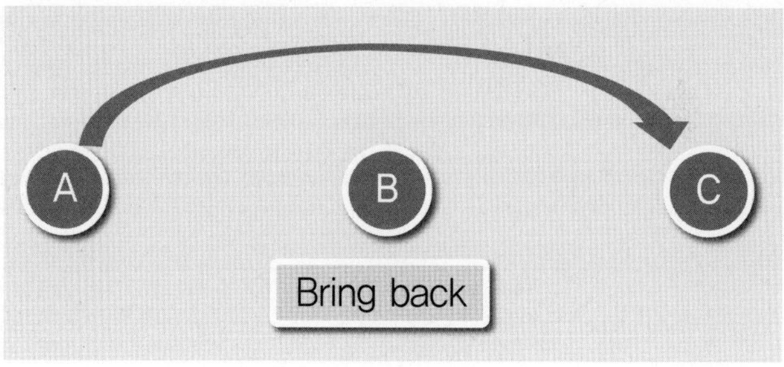

▲ 제4의 자유

- 제4의 자유 : 상대국의 영역 내에서 여객과 화물을 탑승하고 자국으로 운송할 수 있는 자유(Bring-back right)

- 제5의 자유 : 상대국과 제3국간의 여객과 화물을 운송할 수 있는 자유(beyond right)

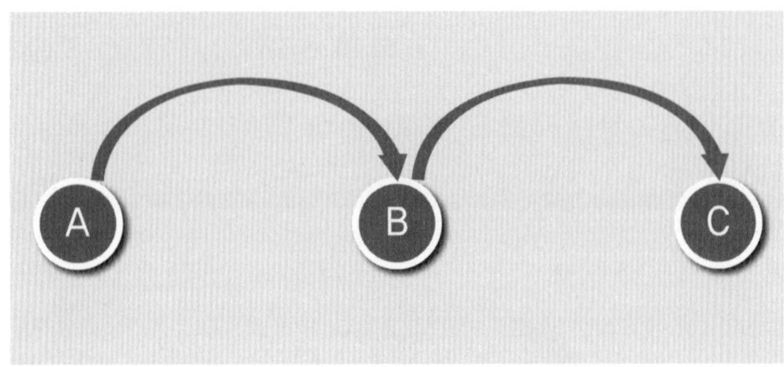

▲ 제5의 자유

Open Sky (항공 자유화)

국가 간 항공편을 개설할 때 정부의 사전 승인 없이 어느 항공사든 신고만 하면 취항할 수 있도록 하는 협정을 뜻한다. 2008년 11월 20일 한국과 캐나다가 항공자유화협정 (open sky agreement)에 합의한 바 있다.

Airline hub : 허브공항

허브 공항(Airline hub) 또는 거점 공항은 그 지역의 중심이 되는 공항을 말한다. 예를 들어 유럽으로 사람이나 화물이 갈때 특정 공항을 거치는 경우가 많으며, 주요 환승 거점이라면 그 공항을 허브 공항이라 할 수 있다. 이를 통해 사람 이동과 물류의 중심지가 될 수 있기 때문이다.

ICAO : 국제민간항공기구

▲ ICAO

ICAO(International Civil Aviation Organization)는 국제항공의 안전 및 발전을 목적으로 하여 각국 정부의 국제협력기관으로 설립되었으며, 약 190개국이 소속되어 있다. 이 기구의 설립목적은 시카고 조약의 기본원칙인 기회균등을 기반으로 하여 기본적으로 국제항공운송의 건전한 발전을 도모하는데 있다.

IATA : 국제항공운송협회

▲ IATA

IATA (International Air Transport Association)는 세계 32개국의 61개의 항공사가 1945년 4월 쿠바의 하바나에서 설립한 순수민간의 국제협력기구이다. 운임의 결정, 운송

규칙의 제정 등이 주된 역할이며, 기본적인 목적은 첫째, 안전하고 경제적인 국제항공운송의 발전을 촉진함과 동시에 이와 관련되는 문제들을 해결하고, 둘째, 국제민간항공운송에 종사하고 있는 민간항공사의 협력기관으로서 협력을 위한 교류의 장과 다양한 수단들을 제공한다. 셋째, ICAO 등 국제기관과의 협력의 도모 등이 있다.

FAA : 미국연방항공청

▲ FAA

미국 연방항공국 (Federal Aviation Administration, FAA)은 미국 교통부의 항공 전문 기관으로 항공수송의 안전 유지를 담당한다. 미국 내에서의 항공기의 개발, 제조, 수리, 운행 허가 등은 이곳의 승인 없이는 실시할 수 없다. 항공사에 대한 감찰, 감리, 비행승인, 안전도 등 항공기와 관련한 거의 모든 업무를 담당한다. 거의 대부분의 항공사들은 FAA의 규정을 따라야 여객업무가 가능하다.

공항

비자 : VISA

비자란 방문하는 국가의 입국 허가서로 방문하려는 국가의 재외공관에서 발급한다.

VWA : Visa Waiver Agreement(비자 면제 협정)

비자 면제 협정을 말한다.

선린우호관계 및 경제적 수준이 비슷한 양 국간의 비자 면제협정을 체결 할 수 있으며, 이 경우 관광, 상용 등 단기목적으로 여행 시 협정 체결 국가에 비자 없이 입국이 가능하다. VWP(Visa Waiver Program)이라고도 한다.

비자 면제협정 일반 조건

- 계속되는 여정이나 왕복 여행을 위한 항공권 소지
- 충분한 체류 경비 소지
- 관광, 상용 및 단기 목적 방문

TWOV : Transit without Visa(무비자 통과)

통과 목적으로 여행하는 경우 사전에 해당 국가의 통과 비자를 받아야 하나, TWOV 규정 준수 시 통과 비자 없이 여행 할 수 있다.

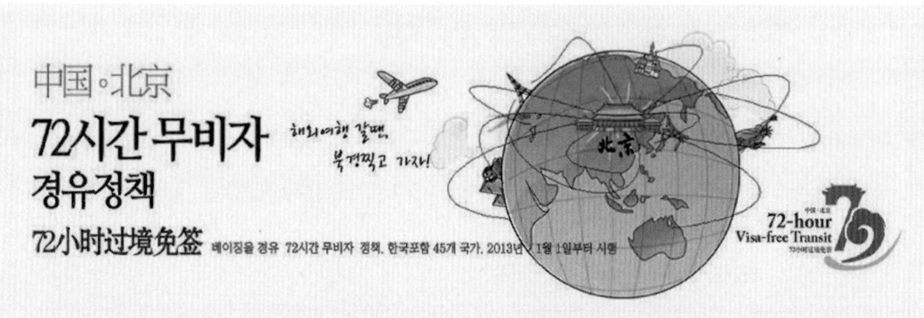

▲ TWOV (Transit without Visa)

TWOV 일반 조건

- 제 3국행 유효한 여행서류 소지
- 연결편에 대한 예약이 확약된 항공권 소지
- 입국 목적은 단순 통과에 한함

운송 제한승객

DEPO : Deportee (추방자)

합법, 불법을 막론하고 일단 입국한 여객이 관계 당국에 의해 강제로 추방되는 경우를 말한다.

INAD : Inadmissible Passenger(입국거절 승객)

사증 미소지, 여권 유효기간 만료, 사증 목적 외 입국 등 입국 자격 결격 사유로 입국이 거절된 승객을 말한다.

Stop Over : 중간기착

도착한 도시에서 다음 목적지로 출발하기 전 24시간 이상 체류하는 것을 말한다.

Transit

중간 기착지에서 비행기를 갈아타지 않고 잠시 기다렸다가 다시 다음 목적지로 출발하는 것을 말한다.

MAAS(Meet And Assist Specify details) : 공항 의전

MAAS (Meet And Assist Specify details)는 VIP 승객에 대한 공항

에서의 세심한 대면 서비스를 의미한다.

C.I.Q (Customs, Immigration, Quarantine) : 출·입국 관리업무

세관(Customs), 출·입국 심사(Immigration), 검역 (Quarantine)을 의미한다.

국제운송에서 출·입국 관리 업무는 이들 세 가지를 중심으로 이루어지며, 흔히 CIQ수속이라고 한다. 이는 정부의 관련기관 관리 책임 하에 공항업무와 별도로 수행된다.

세관 : Customs

관세청에 딸려 있는 기관의 하나. 비행장, 항만, 국경지대에 설치되어 여행자들이 가지고 다니는 물품이나 수출입 화물에 대한 단속과 관세에 관한 일을 한다.

출·입국 심사 : Immigration

출입국심사는 국경이나 공항, 항구 등 사람이 다른 국가 사이를 넘나드는 경우 해당 국가 (정부)가 출입국을 관리·정보 파악하는 것을 말한다.

검역 : Quarantine

비행기에 의해 국내에 병원균이나 전염병이 생기는 것

을 막기 위해서 실시한다. 일반적으로 국외로 나가는 사람, 화물 등을 대상으로 실시하지는 않지만, 자국으로 들어오는 사람, 화물에 대해서는 실시하는 것을 원칙으로 한다. 화물의 경우 농·수산물 과 관련된 것, 사람의 유해 등에 대해서는 반드시 검역을 받도록 하고 있다.

운송 제한 품목

기내 휴대 제한 품목 (SRI : Safety Restricted Item)

기내 승객 및 승무원의 안전을 위해 칼, 가위, 송곳, 건전지, 공구 등의 품목은 승객이 기내로 휴대할 수 없으므로 수속 시 위탁수하물에 포함하여 운송토록 안내한다.

▲ SRI : Safety Restricted Item

위험물 (DG : Dangerous Goods)

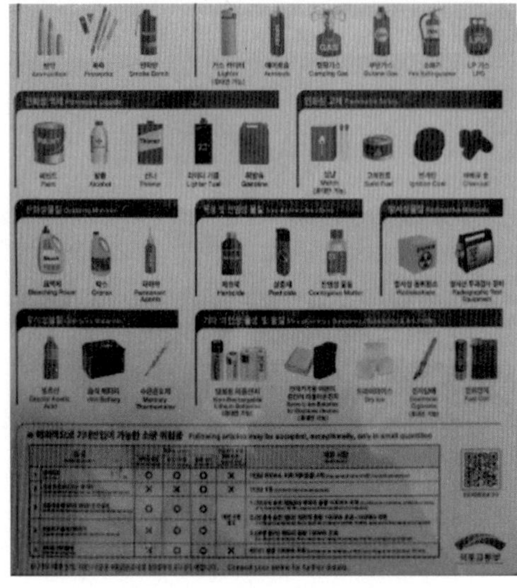
▲ DG : Dangerous Goods

항공기, 인명 또는 기타 재산에 위험이나 지장을 초래할 우려가 있는 위험물이나 성질상 항공 운송에 부적절한 물품은 운송을 제한하거나 거절한다. 위험물은 특성 및 종류에 따라 다음과 같이 9가지 Class로 분류하고 있다.

위험물 종류

- 폭발성 물질 (화약, 폭죽 등)
- 가스
- 인화성 액체
- 인화성 고체
- 산화제&유기적 과산화물
- 독성&전염성 물질
- 방사능 물질
- 부식성 물질 (염산,황산,질산,수은 등)
- 기타 (포르말린,자석류 등)

Quiz

01 항공 산업의 자유경쟁 시장 환경에서의 생존을 위해 여러 항공사가 모여 전략적으로 하나의 동맹체를 구성하는 것을 무엇이라고 하는가?

02 오늘날 세계항공의 질서를 형성하는데 결정적인 계기를 마련해 준 시카고 회의(Chicago Convention)에서는 1944년 12월 7일, 타국의 영공을 비행하는 자유를 보장했는데, 이를 무엇이라고 하는가?

03 사람 이동과 물류의 중심지가 되는 공항을 무엇이라고 하는가?

04 관광, 상용 등 단기목적으로 여행 시 협정 체결 국가에 비자 없이 입국이 가능한 비자 면제 협정을 무엇이라고 하는가?

05 비행기에 의해 국내에 병원균이나 전염병이 생기는 것을 막기 위해서 실시하는 공항 업무를 무엇이라고 하는가?

Memo

7

항공전문용어 약어

ICAO 음성문자 (ICAO Phonetic Alphabet)

다음은 항공사 직원 간 오류없는 정확한 소통을 위해 ICAO에서 지정한 표준 음성문자이다.

LETTER	PHONETIC ALPHABET	LETTER	PHONETIC ALPHABET	LETTER	PHONETIC ALPHABET
A	ALPHA	J	JULIET	S	SIERRA
B	BRAVO	K	KILO	T	TANGO
C	CHARLIE	L	LIMA	U	UNIFORM
D	DELTA	M	MIKE	V	VICTOR
E	ECHO	N	NOVEMBER	W	WHISKY
F	FOXTROT	O	OSCAR	X	X-RAY
G	GOLF	P	PAPA	Y	YANKEE
H	HOTEL	Q	QUEBEC	Z	ZULU
I	INDIA	R	ROMEO		

공항 및 도시 약어

다음은 국제항공운송협회(IATA)에서 전 세계 공통으로 지정한 약어(Code)이다.

세 글자의 알파벳으로 이루어져 'Three Letter Code'로 일컫는다.

국내선 공항코드

CODE	AIRPORT	CITY
ICN	INCHEON INT'L	INCHEON
GMP	GIMPO	SEOUL
PUS	BUSAN KIMHEA INT'L	BUSAN
CJU	JEJU INT'L	JEJU
CJJ	CHEONGJU INT'L	CHEONGJU
HIN	JINJU/SACHEON	JINJU
TAE	DAEGU	DAEGU
USN	ULSAN	ULSAN
KPO	POHANG	POHANG
KWJ	GWANGJU	GWANGJU
KUV	KUNSAN	KUNSAN
WJU	WONJU/HOENGSONG	WONJU
YNY	YANGYANG INT'L	YANGYANG

미국 공항코드

CODE	AIRPORT	CITY	COUNTRY
ANC	ANCHORAGE	ANCHORAGE	U.S.A
ATL	HARTSFIELD ATLANTA	ATLANTA	U.S.A
BOS	GENERAL EDWARD AWRENCE LOGAN	BOSTON	U.S.A
IAH	George Bush	HOUSTON	U.S.A
DFW	FORT-WORTH	DALLAS	U.S.A
JFK	John F. Kennedy	NEWYORK	U.S.A
LAS	LAS VEGAS	LAS VEGAS	U.S.A
GUM	GUAM	GUAM	U.S.A
HNL	HONOLULU	HONOLULU	U.S.A
IAD	DULLES	WASHINGTON D.C	U.S.A
LAX	LOS ANGELES	LOS ANGELES	U.S.A
ORD	O'HARE	CHICAGO	U.S.A
SEA	TACOMA	SEATTLE	U.S.A
SFO	SAN FRANCISCO	SAN FRANCISCO	U.S.A
YVR	VANCOUVER	VANCOUVER	CANADA
YYZ	LESTER B. PEARSON	TORONTO	CANADA

일본 공항코드

CODE	AIRPORT	CITY	COUNTRY
AOJ	AOMORI	AOMORI	JAPAN
AXT	AKITA	AKITA	JAPAN
CTS	CHITOSE	SAPPORO	JAPAN
FUK	FUKUOKA	FUKUOKA	JAPAN
HKD	HAKODATE	HAKODATE	JAPAN
HND	HANEDA	TOKYO	JAPAN
KIJ	NIGATA	NIGATA	JAPAN
KIX	KANSAI	OSAKA	JAPAN
KMQ	KOMATSU	KOMATSU	JAPAN
KOJ	KAGOSHIMA	KAGOSHIMA	JAPAN
NGO	NAGOYA	NAGOYA	JAPAN
NGS	NAGASAKI	NAGASAKI	JAPAN
NRT	NARITA INT'L	TOKYO	JAPAN
OIT	OITA	OITA	JAPAN
OKJ	OKAYAMA	OKAYAMA	JAPAN

오세아니아 공항코드

CODE	AIRPORT	CITY	COUNTRY
AKL	AUCKLAND	AUCKLAND	NEW ZEALAND
BNE	BRISBANE	BRISBANE	AUSTRALIA
SYD	SYDNEY	SYDNEY	AUSTRALIA
NAN	NADI	NANDI	FIJI
CHC	CHRISTCHURCH	CHRISTCHURCH	NEW ZEALAND

유럽 공항코드

CODE	AIRPORT	CITY	COUNTRY
CAI	CAIRO	CAIRO	EGYPT
CDG	CHARLES DE GAULLE	PARIS	FRANCE
DXB	DUBAI	DUBAI	U.A.E
FCO	LEONARDO DAVINCI FIUMICICO	ROME	ITALY
FRA	MAIN	FRANKFURT	GERMANY
LED	PILKOVO	ST.PETERSBURG	RUSSIA
LHR	HEATHROW	LONDON	U.K
SVO	SHEREMETYEVO	MOSCOW	RUSSIA
VVO	VLADIBOSTOK	VLADIBOSTOK	RUSSIA

CODE	AIRPORT	CITY	COUNTRY
ZRH	KLOTEN	ZURICH	SWITZERLAND
IST	ISTANBUL	ISTANBUL	TURKEY
MAD	MADRID	MADRID	SPAIN
AMS	SCHIPOL	AMSTERDAM	NETHERLANDS
VIE	VIENNA	VIENNA	AUSTRIA

동남아시아 공항코드

CODE	AIRPORT	CITY	COUNTRY
BKI	KOTA KINABALU	KOTA KINABALU	MALAYSIA
BKK	BANGKOK	BANGKOK	THAILAND
BOM	SAHAR	MUMBAI	INDIA
CEB	CEBU	CEBU	PHILIPPINES
CGK	SOEKARNO HATTA	JAKARTA	INDONESIA
DPS	BALI NGURAH RAI	DENPASAR BALI	INDONESIA
HAN	HANOI	HANOI	VIETNAM
HKT	PHUKET	PHUKET	THAILAND
KTM	TRIBHUVAN	KATHMANDU	NEPAL
KUL	SUBANG-KUALA LUMPUR	KUALA LUMPUR	MALAYSIA

CODE	AIRPORT	CITY	COUNTRY
MFM	MACAU	MACAU	MACAU
MNL	NINOY AQUNO	MANILA	PHILIPPINES
PEN	PENANG	PENANG	MALAYSIA
PNH	PHNOM PENH	PHNOM PENH	CAMBODIA
REP	SIEM REAP	SIEM REAP	CAMBODIA
SGN	TANSONNHAT	HOCHIMINH	VIETNAM
SIN	CHANG-I	SINGAPORE	SINGAPORE
TPE	CHANG KAI SHEK	TAIPEI	TAIWAN
ULN	ULAAN BAATAR	ULAAN BAATAR	MONGOLIA

항공사 코드

다음은 국제항공운송협회(IATA)에서 각 항공사에 지정한 약어(Code)이다.

AA	American Airlines	아메리칸 항공
AC	Air Canada	에어 캐나다
AF	Air France	에어 프랑스
AI	Air India	에어 인디아

AM	Aero Mexico	아에로멕시코
AY	Fin Air	핀에어
AZ	Alitalia Airlines	알리탈리아 항공
BA	British Airways	영국항공
BX	Air Busan	에어부산
CA	Air China	중국항공
CI	China Airlines	중화항공
CJ	China Northern Airlines	중국 북방항공
CX	Cathay Pacific Airways	케세이퍼시픽 항공
CZ	China Southern Airlines	중국 남방항공
DL	Delta Airlines	델타항공
EK	Emirates	에미레이트 항공
EY	Etihad Airways	에띠하드 항공
FM	Shanghai Airlines	상해항공
GA	Garuda Indonesia	가루다 인도네시아항공
HA	Hawaiian Airlines	하와이안 항공
JL	Japan Airlines	일본항공
KE	Korean Air	대한항공
KL	KLM Royal Dutch Airlines	케이엘엠 네덜란드항공
KQ	Kenya Airways	케냐항공

LH	Lufthansa German Airlines	루프트한자 항공
LJ	Jin Air	진에어
MH	Malaysia Airlines	말레이시아 항공
MU	China Eastern Airlines	중국 동방항공
OK	Czech Airlines	체코항공
OM	MIAT Mongolian Airlines	몽골항공
OZ	Asiana Airlines	아시아나 항공
PR	Philippine Airlines	필리핀 항공
QR	Qantas Airlines	콴타스 항공
RS	Air Seoul	에어서울
SQ	Singapore Airlines	싱가폴 항공
SV	Saudi Airlines	사우디 항공
TG	Thai Airways International	타이항공
TW	T'way Airlines	티웨이항공
UA	United Airlines	유나이티드 항공
VN	Vietnam Airlines	베트남항공
ZE	Easter Jet	이스타항공
7C	Jeju Air	제주항공

단위 변환표 (CONVERSTION TABLE)

일상생활에서는 길이나 무게를 재는데 미터(METER)법을 사용한다. 하지만 항공단위는 야드-파운드 법이 사용되고 있으며 길이의 단위로는 feet, 무게단위로 pound(LBS) 그리고 속도의 단위로는 Knots를 사용한다. 각 측정 단위간의 변환은 공식을 사용하거나 아래와 같은 conversion table을 사용할 수 있다.

CONVERSION TABLE

ALTITUDE	
FEET	METER
10000	3000
12000	3700
13000	4000
14000	4300
15000	4600
16000	4900
17000	5200
18000	5500
19000	5800

SPEED	
KNOTS	Km
300	560
310	570
320	590
330	610
340	630
350	650
360	670
370	690
380	710
390	720
400	740

SPEED
MILES
350
360
370
380
390
400
410
420
430
440
450
460

TEMP			
℃	℉	℃	℉
−29	−20	6	43
−28	−18	7	45
−27	−17	8	46
−26	−15	9	48
−25	−13	10	50
−24	−11	11	52
−23	−9	12	54
−22	−8	13	55
−21	−6	14	57

ALTITUDE		TEMP			
FEET	METER	℃	℉	℃	℉
20000	6100	−20	−4	15	59
21000	6400	−19	−2	16	61
22000	6700	−18	0	17	63
23000	7000	−17	1	18	64
24000	7300	−16	3	19	66
25000	7600	−15	5	20	68
26000	7900	−14	7	21	70
27000	8200	−13	9	22	72
28000	8500	−12	10	23	73
29000	8800	−11	12	24	75
30000	9100	−10	14	25	77
31000	9400	−9	16	26	79
32000	9700	−8	18	27	81
33000	10100	−7	19	28	82
34000	10400	−6	21	29	84
35000	10700	−5	23	30	86
36000	11000	−4	25	31	88
37000	11300	−3	27	32	90

SPEED		
KNOTS	MILES	Km
410	470	760
420	480	780
430	500	800
440	510	820
450	520	830
460	530	850
470	540	870
480	550	890
490	560	910
500	580	930
510	590	950
520	600	960
530	610	980
540	620	1000
550	630	1020
560	650	1040
570	660	1060
580	670	1070
590	680	1090
600	690	1110
610	700	1130

ALTITUDE		SPEED			TEMP			
FEET	METER	KNOTS	MILES	Km	℃	℉	℃	℉
38000	11600	620	710	1150	−2	28	33	91
39000	11900	630	730	1170	−1	30	34	93
40000	12200	640	740	1190	0	32	35	95
41000	12500	650	750	1200	1	34	36	97
42000	125800	660	760	1220	2	36	37	99
43000	13100	670	770	1240	3	37	38	100
44000	13400	680	780	1260	4	39	39	102
45000	13700	690	800	1280	5	41	40	104
		700	810	1300				

참고문헌

국토교통부 국토교통뉴스 (www.news.airport.co.kr)

항공정보 포털 시스템 (www.airportal.go.kr)

네이버 백과사전

대한항공 객실승무원 교범

대한항공 객실승무원 서비스 교범

대한항공/아시아나항공 홈페이지

항공운송산업론 (허희영)

NCS 시리즈-객실승무관리 (최성수)

NCS 시리즈-기내 일상 안전관리 (최성수)

NCS 시리즈-비행 중 서비스 (최성수)

GDS 항공예약실무 (이지영 · 이병윤 · 윤선정)

저자 소개

박윤미

현) 세한대학교 항공서비스학과 학과장
현) 한국 항공운항학회 대외협력 이사
현) 한국 관광연구학회 이사
전) 아시아나항공 캐빈서비스팀

양지인

현) 세한대학교 항공서비스학과 교수
전) 대한항공 객실승무팀
전) 롯데백화점 본사 서비스교육팀

항공용어의 이해

초판 1쇄 인쇄 2018년 9월 10일
초판 1쇄 발행 2018년 9월 15일

저 자 박윤미 · 양지인
펴낸이 임 순 재
펴낸곳 (주)도서출판 **한올출판사**
등 록 제11-403호
주 소 서울시 마포구 모래내로 83(성산동 한올빌딩 3층)
전 화 (02) 376-4298(대표)
팩 스 (02) 302-8073
홈페이지 www.hanol.co.kr
e-메 일 hanol@hanol.co.kr
ISBN **979-11-5685-713-6**